混合式学习模式下
高中数学文化案例教学

潘文超◎著

哈尔滨出版社
HARBIN PUBLISHING HOUSE

图书在版编目（CIP）数据

混合式学习模式下高中数学文化案例教学 / 潘文超
著 . -- 哈尔滨：哈尔滨出版社 , 2024. 10. -- ISBN 978-
7-5484-8160-7

Ⅰ . G633.602

中国国家版本馆 CIP 数据核字第 2024DT4246 号

书　　名：**混合式学习模式下高中数学文化案例教学**
HUNHESHI XUEXI MOSHI XIA GAOZHONG SHUXUE WENHUA ANLI JIAOXUE

作　　者：潘文超　著
责任编辑：赵　芳
封面设计：吉　祥

出版发行：哈尔滨出版社（Harbin Publishing House）
社　　址：哈尔滨市香坊区泰山路 82-9 号　　邮编：150090
经　　销：全国新华书店
印　　刷：北京虎彩文化传播有限公司
网　　址：www.hrbcbs.com
E-mail：hrbcbs@yeah.net
编辑版权热线：（0451）87900271　87900272

开　　本：710mm×1000mm　1/16　　印张：13.25　　字数：230 千字
版　　次：2024 年 10 月第 1 版
印　　次：2024 年 10 月第 1 次印刷
书　　号：ISBN 978-7-5484-8160-7
定　　价：78.00 元

凡购本社图书发现印装错误，请与本社印制部联系调换。
服务热线：（0451）87900279

简　　介

《普通高中数学课程标准》中指出:"数学文化是指数学的思想、精神、语言、方法、观点以及它们的形成和发展,还包括数学在人类生活、科学技术、社会发展中的贡献和意义,以及与数学相关的人文活动。"

为适应新时代的发展,符合新课标的要求,提升数学文化修养,将数学文化融入数学教学,是数学课程对每一位数学教师的要求,我们迫切需要改进教学方式,因此"在数学文化视角下"的教学模式应运而生。本书致力于探索和实现高中数学教育的现代化改革。本书系统地介绍了如何在混合式学习环境下,通过数学文化的案例教学,有效地结合线上和线下资源,提高教学效果和学生的学习兴趣。书中详细阐述了混合式学习的理论基础,展示了多个具体教学案例,并提供了实用的教学策略和方法,旨在帮助教师提升教学质量,同时激发学生对数学的热情和探索精神。这本书旨在为高中数学教师、教育行政人员,以及对教育技术感兴趣的研究者提供一种全新的视角和方法,以实现教育的现代化和个性化。

前　　言

随着信息技术的迅猛发展,教育领域正经历着深刻的变革。传统的教学模式在满足学生个性化学习需求、激发学生学习兴趣和提升教学效果方面面临着诸多挑战。在这样的背景下,混合式学习模式应运而生,并迅速成为全球教育改革和创新的重要方向。混合式学习将传统课堂教学与现代信息技术相结合,通过线上线下相结合的教学方法,为学生提供更加灵活和个性化的学习体验。特别是在高中数学教育中,混合式学习模式展示出强大的生命力和广泛的应用前景。

本书旨在探索混合式学习模式在高中数学文化案例教学中的理论基础、实施策略、技术工具以及评估与反馈等方面的问题。通过系统的理论分析和研究实际案例,本书希望为教育工作者提供有价值的指导和参考,帮助他们更好地理解和应用混合式学习模式,提升教学效果,促进学生的全面发展。

在第一章中,我们将探讨混合式学习模式的定义与特点,以及成功实施混合式学习的关键要素。混合式学习不仅仅是简单地将传统课堂教学与在线学习相结合,而是一种教育理念的创新和实践的变革。通过详细阐述混合式学习的内涵、特征和实施要素,本章为读者提供了一个全面的理论框架,使其能够更好地理解混合式学习的本质和价值。

第二章将重点探讨数学文化的定义和重要性,以及数学文化在高中教育中的应用。数学文化不仅是数学知识的延伸和拓展,更是数学思维方式和数学精神的体现。通过对数学文化的深刻理解,教师可以帮助学生在学习数学知识的同时,培养他们的数学素养和综合能力。本章将介绍数学文化的内涵和价值,并结合高中数学教学的实际,探讨如何将数学文化融入课程中,提升学生的数学素养和创新能力。

第三章将详细介绍案例教学的设计与实施,包括案例选择的原则和方法、案例教学的设计框架及案例教学的执行过程。案例教学是一种以具体案例为载体,通过分析和解决实际问题,培养学生综合能力和创新思维的方法。在混合式学习模式下,案例教学能够发挥其独特的优势和效果。本章将为读者提供一套系统的案例教学设计与实施指南,帮助教师在实际教学中有效应用案例教学法,提高教学质量和学生的学习效果。

在第四章中,我们将探讨混合式教学策略,包括课程设计与资源整合、在线与面对面教学的结合、提升学生互动与参与的策略,以及高中数学混合式学习资源的应用。混合式教学策略是实现混合式学习目标的关键,通过科学合理的课程设计和资源整合,教师可以有效地结合线上线下教学的优势,提升教学效果和学生的学习体验。本章将为读者提供具体的教学策略和实施建议,使混合式教学发挥出最佳效果。

第五章将重点介绍当前教育技术的应用、教学工具的选择与使用,以及数学文化在数学教学中的创新应用。现代教育技术为混合式学习模式的实施提供了强大的支持和保障,通过合理选择和使用教学工具,教师可以大大提高教学的效率和质量。本章将为读者介绍一系列实用的教育技术和工具,并探讨如何将其有效地应用于高中数学教学中,创新教学方法,提升学生的学习效果。

第六章将讨论教学评估的方法与工具,以及从反馈中提炼教学改进的方法。科学的教学评估与反馈机制是确保混合式学习成功实施和持续改进的重要环节。通过定期评估和反馈,教师可以了解学生的学习进展和效果,发现问题并及时调整教学策略。本章将为读者提供全面的教学评估与反馈的方法和工具,帮助教师在混合式学习中不断改进和提升教学质量。

在最后一章中,我们将展望混合式学习的未来发展趋势,提出对教师的实践建议,并探讨教育政策与支持系统的建议。混合式学习模式的发展潜力巨大,其在未来教育中的应用前景广阔。通过分析未来趋势和提供实践建议,本章希望为教育工作者和政策制定者提供参考,推动混合式学习的进一步发展和普及,促进教育质量的全面提升。

混合式学习模式作为一种创新的教育理念和实践,正在深刻改变着传统的教育模式。本书通过对混合式学习在高中数学文化案例教学中的应用进行系统的探讨和研究,旨在为教育工作者提供理论指导和实践参考。希望本书的内容能够帮助教师更好地理解和应用混合式学习模式,提升教学效果,促进学生的全面发展。同时,也希望本书能够引发更多的教育研究和实践探索,为推动教育创新和发展贡献力量。

目　　录

第一章 混合式学习的理论基础

第一节 混合式学习模式的定义与特点

一、混合式学习概念界定

混合式学习（Blended Learning）的演变从关注角度出发经历了三个阶段：第一阶段，关注技术；第二阶段，关注教师；第三阶段，关注学生。[①]

（一）技术

此阶段对混合式学习的界定比较模糊，在这一阶段，学者多注重技术在教学中的作用，将混合式学习看作一种全新的学习方式，认为这一学习方式是传统教学向面对面教学和线上教学结合的过渡。

（二）教师

这一阶段的混合式学习实现了师生之间、生生之间的交互，教学由教师为中心转向学生为中心，并且形成了全新的教学评价机制——形成性评价和终结性评价相结合。

（三）学生

这一阶段的混合式学习受到了"互联网+"潮流的影响[②]，它并不是简单的技术的混合，而是利用互联网、移动技术和面对面教学为学生创造一种高度参与的个性化的学习体验，是"以学生为中心"的学习环境下教学与辅导方式的混合，是对课堂教学的提升与改进。

由于"混合"的概念比较宽泛，不同学者有不同的理解，大致分为四种混合类型：教学方式的混合、教学多媒体的混合、教学模式的混合和学习方式的混合。黎

---

① 冯晓英，王瑞雪，吴怡君. 国内外混合式教学研究现状述评——基于混合式教学的分析框架［J］. 远程教育杂志，2018，36（3）:13-24.

② 冯晓英，孙雨薇，曹洁婷. "互联网+"时代的混合式学习：学习理论与教法学基础［J］. 中国远程教育，2019（2）:7-16+92.

加厚教授将"Blended Learning"译为"融合性学习",他认为 Blended Learning 就是通过选择组合教学元素,使教学效果最大化,从而实现教学目标。何克抗[①]教授认为,混合式学习要结合在线学习和面对面教学的优势,发挥教师引导、启发、监控教学过程的主导作用,充分体现学生作为学习过程主体的主动性、积极性与创造性。彭艳妮[②]等人认为,混合式学习一方面要混合不同的解决问题的方法,另一方面要混合不同的可传递教学信息的教学媒体。科蒂斯·邦克认为,混合式学习是面对面教学和计算机辅助在线学习的结合。玛加利达·德里斯科尔认为,混合式学习大致可以归纳为四种:第一,混合多种网络化技术以实现教育目标;第二,结合多种教学理论,利用或不利用教学技术产生最佳的学习成果;第三,将教学技术与面对面的教师指导培训相结合;第四,将教学技术与实际工作任务相混合,使学习和工作协调一致。综上所述,笔者将混合式学习界定为:混合面对面教学和线上教学的优势,混合教师的主导作用和学生的主体性,通过教师实时和非实时的讲授,营造一个"合适"的学习情境,激发学生学习兴趣,引导学生在线自主学习,强化线下合作学习,从而达到预期教学目标和学习目标,使教学过程最优化的一种学习方式。

二、混合式学习特点

(一)混合式学习是传统教学与现代信息技术有机融合的产物

混合式学习是传统教学与现代信息技术有机融合的产物。这种教学模式结合了面对面教学和在线学习,充分发挥两者的优势,提供了一种更加灵活和个性化的学习体验。在混合式学习中,教师和学生既可以在课堂上进行互动交流,也可以通过互联网获取丰富的学习资源,进行自主学习和远程协作。这种模式不仅打破了时间和空间的限制,还能提升学生的自主学习能力和探究精神。混合式学习在教学内容的呈现上更加多样化和生动化。通过利用多媒体技术,教师可以将抽象的概念直观地展示给学生,例如通过动画、视频、虚拟现实等手段,使原本枯燥的知识点变得生动有趣。这种方式不仅能够激发学生的学习兴趣,还能帮助他们更好

---

① 何克抗.从 Blending Learning 看教育技术理论的新发展[J].国家教育行政学院学报,2005(9):37-48+79.
② 彭艳妮、刘清堂、李世强,等.混合式学习在课程教学中的应用研究[J].中国教育信息化,2011(7):57-60.

地理解和掌握知识。此外,在线学习平台上的丰富资源,如电子书、课程视频、在线实验室等,也为学生提供了更多的学习渠道和参考资料,帮助他们拓宽视野、深入学习。

在混合式学习中,教学方式更加灵活多样,能够更好地满足不同学生的学习需求。教师可以根据学生的学习情况和兴趣,灵活调整教学进度和内容。例如,对于基础较好的学生,可以提供更具挑战性的学习任务和拓展材料,而对于学习困难的学生,则可以提供更多的辅导和帮助。此外,学生还可以通过在线平台进行自主学习,选择适合自己的学习内容和进度,进行个性化学习。这样一来,每个学生都可以根据自己的节奏和需要,进行有效的学习和提升。

混合式学习还能够促进学生的合作学习和互动交流。在传统教学中,学生之间的交流和合作机会较少,而在混合式学习中,在线讨论区、学习小组、协作项目等多种形式的互动活动,能够极大地促进学生之间的交流和合作。例如,学生可以通过在线平台进行讨论、分享学习心得和经验,共同解决学习中的难题。这种合作学习不仅能够帮助学生更好地理解和掌握知识,还能培养他们的团队合作精神和沟通能力。

在混合式学习中,评估方式也更加多样和科学。传统教学中的评估方式主要以考试为主,容易忽视学生的实际能力和综合素质;而在混合式学习中,教师可以通过多种形式对学生进行评估,如在线测试、项目作业、学习日志、讨论参与等。这种多元化的评估方式,能够更全面地反映学生的学习情况和能力,帮助教师及时发现和解决学生在学习中存在的问题,进一步提高教学效果。

此外,混合式学习还能够有效提高教学效率和资源利用率。通过在线学习平台,教师可以将教学内容和资源上传到网络,学生可以随时随地进行学习和复习。这不仅方便了学生,也减轻了教师的负担,使他们将更多的时间和精力投入到教学设计和学生辅导中去。同时,在线平台还可以记录学生的学习数据,帮助教师了解学生的学习情况,进行针对性的指导和调整。

混合式学习的应用,不仅需要教师具备一定的信息技术能力,还需要学校和教育机构提供相应的技术支持和保障。教师需要学习和掌握在线教学平台的使用方法,了解多媒体技术在教学中的应用,同时还需要具备一定的教学设计能力,能够合理安排和设计混合式教学的内容和形式。学校和教育机构则需要提供必要的技术设备和网络环境,保障在线学习平台的正常运行和使用。

混合式学习的推广和应用,还需要教育理念和教学模式的创新。教师需要转变传统的教学观念,充分认识到现代信息技术在教学中的重要作用,积极探索和实践混合式教学模式。同时,学生也需要改变传统的学习方式,积极参与到混合式学习中,培养自主学习和合作学习的能力。在这一过程中,教育行政部门和学校需要加强对教师和学生的培训和指导,提供必要的支持和帮助,推动混合式学习的深入发展。在混合式学习中,教师的角色发生了显著变化,从传统的知识传授者转变为学习的指导者和促进者。在传统教学中,教师主要通过讲授知识来引导学生的学习,而在混合式学习中,教师更多是通过设计学习任务、提供学习资源、指导学习方法等方式,帮助学生进行自主学习和探究学习。同时,教师还需要关注学生的个体差异,提供个性化的指导和帮助,促进每个学生的全面发展。混合式学习还需要充分利用现代信息技术和网络平台,进行有效的教学资源管理和共享。通过建立在线学习平台,教师可以将教学资源进行分类和整理,方便学生进行检索和使用。同时,在线平台还可以实现教学资源的共享,教师可以将自己的教学经验和资源分享给其他教师,共同提升教学水平和质量。这样不仅有助于教师之间的合作和交流,还能够推动教学资源的优化配置和利用,提高教育资源的使用效率。学生可以根据自己的兴趣和需求,自主选择学习内容和学习方式,进行个性化的学习。这种学习方式不仅能够激发学生的学习兴趣和动力,还能够培养他们的自主学习能力和探究精神。此外,在线学习平台还提供了丰富的互动功能,如讨论区、在线测评、学习日志等,帮助学生进行自我反思和评价,提高学习效果和质量。混合式学习还能够促进教学的个性化和差异化。通过在线学习平台,教师可以根据学生的学习情况和需求,提供个性化的学习资源和指导,帮助学生进行差异化学习。例如,对于学习进度较快的学生,教师可以提供更具挑战性的学习任务和拓展材料,而对于学习进度较慢的学生,教师可以提供更多的辅导和帮助,帮助他们克服学习中的困难。这种个性化和差异化的教学方式,能够有效提高学生的学习效果和学习满意度,促进每个学生的全面发展。混合式学习的实施,还需要进行科学的教学设计和精细的教学管理。教师在进行混合式教学设计时,需要充分考虑学生的学习特点和需求,合理安排线上和线下的教学内容和形式,确保两者有机结合、相辅相成。同时,教师还需要进行精细的教学管理,及时跟踪和评价学生的学习情况,提供有效的指导和反馈,帮助学生解决学习中的问题和困难,提高教学效果和质量。在混合式学习中,信息技术和教学内容的深度融合,是提高教学效果和质量的关键。教师需要掌握现代信息技术的应用方法和技巧,将其有机地融入教学过程中。例如,教师可以利用多媒体技术,将教学内容直观、生动地展示给学生,帮助他们更好地理解和掌握知识;利用在线平台,提供丰富的学习资源和互动功能,促进学生的自主学习和合作学习;利用数据分析技术,及时跟踪和评价学生的学习情况,提供个性化的指导和帮助。通过信息技术和教学内容的深度融合,可以有效提高教学的生动性和趣味性,激发学生的学习兴趣和动力,促进学生的全面发展。混合式学习的成功实施,还需要学校和教育机构提供有力的支持和保障。学校和教育机构需要提供必要的技术设备和网络环境,确保在线学习平台的正常运行和使用;需要制定科学的管理制度和规范,保障混合式教学的有序进行;需要加强对教师和学生的培训和指导,提高他们的信息技术应用能力和混合式学习能力。同时,学校和教育机构还需要进行有效的教学研究和实践,总结和推广混合式学习的成功经验和模式,推动混合式学习的深入发展和普及应用。在混合式学习中,评价方式的多样化和科学化,是提升教学质量和效果的重要手段。传统的评价方式主要以考试为主,容易忽视学生的实际能力和综合素质,而在混合式学习中,教师可以通过多种形式对学生进行评价,如在线测试、项目作业、学习日志、讨论参与等。这种多元化的评价方式,能够更全面地反映学生的学习情况和能力,帮助教师及时发现和解决学生在学习中存在的问题,进一步提高教学效果和质量。同时,教师还可以通过在线平台记录和分析学生的学习数据,进行科学的评价和诊断,提供个性化的指导和帮助,促进学生的全面发展。混合式学习的推广和应用,需要全社会的共同努力和支持。政府和教育管理部门需要制定和实施相关政策,推动混合式学习的发展和普及;学校和教育机构需要积极探索和实践混合式教学模式,总结和推广成功经验;教师和学生需要转变传统的教学和学习观念,积极参与到混合式学习中,不断提升信息技术应用能力和自主学习能力。通过全社会的共同努力和支持,混合式学习必将在提高教育质量、促进教育公平、实现教育现代化等方面发挥重要作用,为学生的全面发展和终身学习提供更加广阔的发展空间。

（二）混合式学习能充分发挥"1+1＞2"的教学优势

混合式学习能充分发挥"1+1＞2"的教学优势,这种教学模式通过结合传统课堂教学和现代信息技术,提供了更加多样化和灵活的学习体验。教师不仅可以在课堂上面对面传授知识,还可以利用在线平台提供丰富的学习资源,使学生能够随时随地进行自主学习。混合式学习使教学过程更加生动和直观,利用多媒体技术和虚拟现实等手段,教师可以将复杂的概念以更直观的方式呈现出来,增强学生的理解和记忆。同时,在线平台的互动功能,如讨论区和在线测评,可以促进学生之间的交流与合作,激发他们的学习兴趣和积极性。通过混合式学习,教师能够更好地进行个性化教学,针对不同学生的学习需求和进度,提供个性化的指导和资源。对于基础较好的学生,可以提供更具挑战性的学习任务和扩展材料,而对于学习困难的学生,则可以提供更多的辅导和支持。这种因材施教的方式,有助于每个学生根据自己的节奏进行有效学习,提升整体的学习效果。混合式学习中的评估方式更加多样化和科学化,教师可以通过在线测试、项目作业、学习日志等多种形式对学生进行全面评价,不仅关注学生的学术成绩,还关注他们的综合素质和实际能力。在线学习平台可以记录学生的学习数据,帮助教师及时发现问题并提供针对性的指导,从而进一步提高教学效果。在教学管理上,混合式学习也具有显著的优势。在线平台可以帮助教师进行教学资源的管理和共享,方便学生随时获取和复习学习材料。通过对学习数据的分析,教师可以了解学生的学习情况,进行科学的教学设计和调整,确保教学活动的有效进行。此外,在线平台还可以促进教师之间的合作和交流,共享教学经验和资源,共同提高教学水平。混合式学习还能够有效地培养学生的自主学习能力和信息素养。在传统教学模式中,学生往往依赖于教师的讲解和指导,而在混合式学习中,学生需要主动获取和利用各种学习资源,进行自主学习和探究。这种学习方式不仅能够提高学生的自主学习能力,还能培养他们的信息素养和问题解决能力,适应现代社会对综合素质人才的需求。通过混合式学习,学生不仅可以获得知识,还可以培养多种能力,如合作能力、创新能力和批判性思维。在在线讨论区和协作项目中,学生需要与他人合作,交流和分享自己的观点,共同解决问题,这有助于提高他们的团队合作精神和沟通能力。同时,丰富的在线资源和多样化的学习任务,可以激发学生的创造力和创新能力,培养他们的批判性思维和独立思考能力。混合式学习还可以有效地提高教学效率和资源利用率。通过在线平台,教师可以将教学内容和资源上传到网络,学生可以随时随地进行学习和复习。这不仅方便了学生,也减轻了教师的负担,使他们能够将更多的时间和精力投入到教学设计和学生辅导中去。同时,在线平台还实现了教学资源的共享,避免资源的浪费,提高教育资源的使用效率。在混合式学习中,教师的角色发生了显著变化,从传统的知识传授者转变为学习的指导者和促进者。教师不仅需要传授知识,还需要设计和组织各种学习活动,指导学生进行自主学习和合作学习。同时,教师还需要关注学生的个体差异,提供个性化的指导和帮助,促进每个学生的全面发展。混合式学习的成功实施,还需要学校和教育机构提供有力的支持和保障。学校和教育机构需要提供必要的技术设备和网络环境,确保在线学习平台的正常运行和使用;需要制定科学的管理制度和规范,保障混合式教学的有序进行;需要加强对教师和学生的培训和指导,提高他们的信息技术应用能力和混合式学习能力。同时,学校和教育机构还需要进行有效的教学研究和实践,总结和推广混合式教学的成功经验和模式,推动混合式学习的深入发展和普及应用。通过混合式学习,教师和学生可以充分利用现代信息技术的优势,提高教学效果和质量。在课堂教学中,教师可以利用多媒体技术,将教学内容生动直观地呈现出来,增强学生的理解和记忆;在在线学习中,学生可以通过丰富的学习资源和互动功能,自主选择学习内容和方式,进行个性化学习。通过线上和线下的有机结合,混合式学习能够充分发挥传统教学和现代信息技术的优势,提供更加高效和灵活的学习体验。混合式学习的推广和应用,需要教育理念和教学模式的创新。教师需要转变传统的教学观念,充分认识到现代信息技术在教学中的重要作用,积极探索和实践混合式教学模式。同时,学生也需要改变传统的学习方式,积极参与到混合式学习中,培养自主学习和合作学习的能力。在这一过程中,教育行政部门和学校需要加强对教师和学生的培训和指导,提供必要的支持和帮助,推动混合式学习的深入发展。混合式学习在提高教育质量、促进教育公平和实现教育现代化等方面具有重要意义。通过混合式学习,学生可以获得更加丰富和多样化的学习资源和体验,提升他们的学习效果和满意度;教师可以更好地进行个性化教学,提供针对性的指导和帮助,促进每个学生的全面发展;学校和教育机构可以通过混合式学习,提高教学效率和资源利用率,推动教育的现代化发展。混合式学习还能够促进教师专业发展和教学创新。通过参与混合式教学,教师可以不断学习和掌握现代信息技术的应用方法,提高他们的教学设计能力和信息素养。同时,教师还可以通过在线平台,与其他教师进行交流和合作,分享教学经验和资源,共同探索和实践新的教学模式和方法,提升整体的教学水平和质量。混合式学习的实施,还需要进行科学的教学设计和精细的教学管理。教师在进行混合式教学设计时,需要充分考虑学生的学习特点和需求,合理安排线上和线下的教学内容和形式,确保两者有机结合、相辅相成。同时,教师还需要进行精细的教学管理,及时跟踪和评价学生的学习情况,提供有效的指导和反馈,帮助学生解决学习中的问题和困难,提高教学效果和质量。

(三)混合式学习能改善学生学习结果差异过大问题

混合式学习能改善学生学习结果差异过大的问题,通过结合传统教学和现代信息技术,提供个性化的学习体验和灵活的教学方式,有效缩小学生之间的学习差距。在传统课堂教学中,教师面对的是一个班级的学生,教学内容和进度往往统一,难以照顾到每个学生的个体差异。而混合式学习通过在线平台和多媒体技术,为学生提供了更多自主学习的机会和资源,学生可以根据自己的学习进度和需求,选择适合自己的学习内容和方式。在混合式学习中,教师可以利用在线平台进行个性化教学,针对不同学生的学习情况和能力,提供差异化的教学资源和指导。对于学习能力较强的学生,教师可以提供更具挑战性的学习任务和扩展材料,激发他们的潜力;对于学习能力较弱的学生,教师可以提供更多辅导和支持,帮助他们巩固基础知识。这种因材施教的方式,有助于每个学生根据自己的节奏进行有效学习,从而缩小学习差距。混合式学习可以利用数据分析技术,及时跟踪和评价学生的学习情况,提供有针对性的指导和反馈。在线学习平台可以记录学生的学习数据,如学习时间、学习进度、测试成绩等,教师可以根据这些数据,了解学生的学习情况,发现他们在学习中存在的问题,并及时进行指导和调整。通过科学的数据分析和个性化的教学指导,教师可以更有效地帮助学生克服学习中的困难,提升他们的学习效果,从而缩小学生之间的学习差距。

第二节　成功实施混合式学习的关键要素

一、明确的学习目标和计划

明确的学习目标和计划在混合式学习中起着至关重要的作用。学习目标需清晰具体,便于学生理解所需达到的标准和预期结果,目标应可量化并与课程内容紧密相关,使学生有明确方向和动力。目标设定需考虑学生的起点和背景知识,确保挑战性适中,以提高学习积极性和参与度。学习计划是实现目标的路径,需详细周密,包括具体时间安排、任务划分、学习资源和评估方式。计划应结合线上和线下活动,利用数字资源如视频讲解、互动练习、讨论论坛等,提供灵活学习环境,通过课堂讨论、实验操作、项目合作等活动,增强互动和实践能力。学习计划需动态调整,以适应不同学生的需求和节奏,并详细规定评估方法和标准,及时检测学习效果。评估形式应多样化,包括作业、小测验、课堂表现等,以全面了解学生情况,并通过反馈帮助学生改进。教师在制定和实施学习目标和计划中起重要作用,他们需在课程开始前制定目标和计划,并在教学过程中监控进展,提供个性化支持。教师不仅是知识传授者,更是学习引导者和支持者,需利用专业知识和经验,帮助学生克服困难,激发学习兴趣和潜力。学习目标和计划需要得到学生的认同和理解,教师应详细解释目标和计划,使学生了解学习方向和方法,增强自主学习能力和责任感。学生应积极参与目标和计划的制定和调整,提出意见和建议,使目标和计划更具针对性和实用性。

明确的学习目标和计划不仅提高学生学习效果,还促进教师专业发展,通过设定目标和计划,教师可反思和改进教学实践,提升教学质量,并为教师合作和经验共享提供基础。学习目标和计划应与学生个人发展目标相结合,通过与学生沟通,了解他们的兴趣和职业规划,教师可帮助设定个性化目标,制订相应计划,提升综合素质和竞争力。学校和家长的支持也至关重要,提供必要资源和政策保障,积极参与学生学习过程,促进全面发展。

二、技术支持和资源

在混合式学习中,技术支持和资源保障是关键要素,直接影响学生的学习体验和效果。确保技术支持和资源发挥作用,首先需要良好的技术基础设施。稳定高速的网络连接是基本要求,学校需确保校园内外网络覆盖,并提供必要的硬件设备,如电脑、平板电脑、投影仪等,保障学生方便访问在线课程和资源。教师也可上传优质资源,供学生在家复习和预习,进一步巩固学习效果。软件工具是混合式学习不可或缺的一部分。有效的学习管理系统(LMS)帮助管理课程内容、安排任务、追踪进度和进行评估反馈。优秀的 LMS 应具备用户友好的界面、丰富的功能模块和高效的交互性,支持直播课程、录播视频、在线测验和论坛讨论等多种教学活动。教师和学生需接受必要培训,熟练使用这些工具以提高效率。技术支持团队在混合式学习中至关重要。专业的 IT 人员和教育技术专家负责解决技术问题,确保设备和系统正常运行,并提供技术培训和指导,提升教师和学生的技术应用能力。丰富的数字学习资源是混合式学习的重要组成部分,包括电子教材、视频课程、在线题库、互动练习等。这些资源为学生提供多样化的学习内容和方式,激发学习兴趣。学校需与出版社和教育技术公司合作,开发和引进优质资源,确保教学内容科学、系统和前瞻。技术支持和资源利用需与教学设计结合。教师设计混合式课程时,需考虑技术和资源特点,选择合适的教学方法和活动形式。利用视频课程进行知识讲解,通过数据分析和学习追踪,教师可了解每个学生的学习进度和效果,提供针对性指导。个性化学习计划和自适应学习系统根据学生情况动态调整内容,满足个性化需求,提升学习效果。技术支持和资源也促进教师教学能力提升、丰富教学手段、创新教学方法。技术支持团队可提供培训,帮助教师掌握最新教育技术。教师间也可通过在线平台交流经验和资源,共同提高教学水平。技术支持和资源应用需不断更新和升级,密切关注教育技术前沿,及时引进最新工具和资源。学校需制定政策,确保技术合理利用和维护,并建立评估机制,定期评估使用情况,优化配置和管理。

三、有效的教学设计

在混合式学习中,有效的教学设计至关重要,直接影响学生的学习体验和效果。教学设计需要明确具体、可测量的学习目标,涵盖知识传授、技能培养和态度形成,确保每个教学单元任务明确。接着,应设计合理的教学内容和活动,结合线上视频讲解、电子教材、互动练习与线下课堂讨论、小组合作等,提供多样化学习体验。教学活动设计需考虑学生需求,采用翻转课堂、项目学习等多种方法,提升学习吸引力和参与度。翻转课堂让学生课前自主学习,课堂上进行讨论和实践;项目学习则培养解决问题和团队合作能力。评估与反馈是教学设计的核心,通过作业、测验、项目报告等多种评估形式,了解学生学习情况,发现教学问题。及时、具体的反馈帮助学生明确优缺点,指导改进。教师需关注学习过程,给予积极鼓励和支持。学习资源选择和利用也至关重要,应选择高质量、适用性强的教材、参考书、视频、音频等资源,满足学生不同需求。合理安排和优化资源,支持学生全面学习。教师需具备专业知识和技能,了解教育学、心理学等理论,掌握教学设计、课堂管理和教育技术应用能力。不断学习新教育技术和教学方法,提升教学质量。教学设计还应注重学生个性化需求,提供多样化学习路径和支持,满足不同背景、兴趣和需求。良好的学习环境和氛围,包括尊重信任学生、鼓励积极参与,有助于提升学习动力和效果。跨学科整合和应用也是关键,设计跨学科任务,如 STEAM 项目,培养学生综合能力和创新能力。家校合作和社会支持提供更多学习资源和机会,拓宽学生视野和经验。持续改进和优化教学设计,通过实践反思、同行交流和专业培训,不断提升教学设计的科学性和有效性。结合现代教育技术,如学习管理系统、互动平台、VR/AR 等,丰富教学手段,提升学习体验。

四、持续的反馈和评估

在混合式学习中,持续的反馈和评估至关重要。通过反馈和评估,教师和学生可以及时了解学习进展、发现问题并进行改进,从而提升学习效果。有效的反馈不仅是对学习结果的考查,更是对学习过程的全程跟踪和指导。持续反馈帮助学生了解自己的学习状态,发现不足并进行改进。反馈形式多样,包括口头、书面和在线反馈。教师可以通过课堂讨论、作业批改和测验分析等方式,提供具体改进建议。在线学习平台也可通过自动评分和分析功能,提供即时反馈。

评估是反馈的重要组成部分,通过评估可以全面了解学生的学习效果,为教学改进提供依据。评估不仅考查知识掌握情况,还包括技能应用和态度发展。形成性评估贯穿整个学习过程,通过课堂提问、小组讨论和在线测验等方式,帮助学生及时发现和解决问题,调整学习策略。总结性评估则通过期末考试、项目报告和论文答辩等方式,全面考查学习成果和发展情况。

持续的反馈和评估对教师的教学改进和专业发展也有重要意义。通过反馈,教师可以了解教学效果,发现问题并改进教学方法。技术手段如在线学习平台和数据分析工具可以支持反馈和评估的实施,提高效率和效果。实施反馈时需注重及时性和具体性,提供个性化指导,帮助学生根据自身情况改进。

评估设计需科学合理,既要全面考查知识掌握情况,又要关注技能应用和综合素质发展。评估内容应与学习目标一致,方式多样化,标准明确公平,确保评估的科学性和公平性。持续反馈和评估与教学设计和学习活动紧密结合,通过家校合作和社会支持,提供必要的资源和环境,促进学生的自主学习能力和习惯的养成。通过持续改进,提升反馈和评估的科学性和有效性,全面了解和提升学生的学习效果和教师的教学质量。

第二章 数学文化的探索

第一节 数学文化的定义和重要性

一、数学文化

相较于国内,国外较早关注到数学文化并对数学文化进行了研究。美国学者怀尔德(R.L.Wilder)对数学文化思想的确立做出了重要贡献,他在其著作《作为文化体系的数学》中指出数学文化是由文化传统与数学本身所构成的,数学理应被看作一种文化,数学教育也应该是一种文化的教育。毕肖普(Bishop A. J.)对此并不认同,他认为不可以将数学文化看作知识体系,数学文化是用以研究这些严谨的思维方式和认知结构的工具。日本的米山国藏先生在《数学的精神、思想和方法》中提出课本上的知识会因为一个人长期没有应用而被遗忘,但是铭刻在他们头脑中的数学精神、数学的思想与方法会随时随地发生作用,使人受益终生,这就是数学文化的体现。随着课程改革的推进,我国对数学文化的重视程度越来越高。《普通高中数学课程标准》对数学文化进行了定义,通常来讲,数学文化主要体现在数学形成、持续发展、臻于完善以及广泛应用这一整体过程中,对人类发展有着深远的影响。齐民友在《数学与文化》中论述了数学对其他科学和人类精神生活的影响,认为数学文化对人类进步贡献了巨大的力量,并提出一个中心论点:"一种没有相当发达数学的文化是注定要衰落的"。顾沛在《数学文化》给出了数学文化狭义和广义两方面的理解。数学文化狭义上包含数学形成和发展、数学思想与方法、数学精神、数学观点,而广义的数学文化则包含数学史、数学人文、数学美、数学应用等。由此总结数学文化主要由数学知识体系、数学观念系统、数学应用能力三部分构成。① 郑毓信、王宪昌等人在《数学文化学》中提出数学文化是数学共同体

---

① 顾沛.数学文化[M].北京:高等教育出版社,2008.

产生的文化效应,并且强调它是一个蓬勃发展的、开放的系统,而非封闭系统。① 黄秦安在《关于数学文化的若干重要相关研究领域——兼论如何进一步开展数学教育的文化研究》中表明数学文化是超越了数学学科范围的,以数学科学为核心,以其有关的文化领域为有机组成部分的一个动态系统,并且他着重强调数学文化在培养人才时的重要价值。② 数学文化内涵深刻,意义深远。本书界定数学文化有宏观与微观两个层面,宏观的数学文化包括数学知识本身,数学知识可见的生成、发展过程,数学史料等;微观的数学文化则是研究数学知识过程中的思想、方法、观点、精神,以及数学与人类生产、生活相关的其他领域的交叉融合。

二、数学概念

曹一鸣在《数学教学论》中指明数学概念是反映数学对象本质属性的思维方式。数学概念是数学思维的载体,是构成数学学科的基本成分,具有高度的抽象性、概括性和简洁性。③ 涂荣豹,王光明等在《新编数学教学论》中说到数学概念就是一种数学观念,是分析问题、处理问题的策略与方法。④ 刘咏梅在《数学教学论》中认为依据哲学的观点,数学概念是对数学研究对象本质属性的反映。⑤ 鲍建生,周超在《数学学习的心理基础与过程》中认为数学概念是指数学符号代表的、经过抽象概括的、具有共同属性的数学对象、关系和性质。⑥ 蔡海涛,林运来在《核心素养下高中数学概念课教学策略》中指明数学概念是导出全部数学定理、法则的逻辑基础,数学概念相互联系、由简到繁形成学科体系。⑦ 本书沿用曹一鸣所给出的概念界定,认为数学概念能反映数学对象的本质,它是对数学对象的高度概括与抽象表征。

① 郑毓信, 王宪昌, 蔡仲.数学文化学［M］.成都:四川教育出版社, 2000.
② 黄秦安.关于数学文化的若干重要相关研究领域——兼论如何进一步开展数学教育的文化研究［J］.数学教育学报, 2007, 16（2）: 4-7.
③ 曹一鸣.数学教学论［M］.北京.高等教育出版社, 2008.
④ 涂荣豹, 王光明, 宁连华.新编数学教学论［M］.上海:华东师范大学出版社, 2006.
⑤ 刘咏梅.数学教学论［M］.北京:高等教育出版社.2008.
⑥ 鲍建生, 周超.数学学习的心理基础与过程［M］.上海:上海教育出版社, 2009.
⑦ 蔡海涛, 林运来.核心素养下高中数学概念课教学策略［J］.数学通报, 2019, 58（9）: 20-25.

三、数学文化重要性

（一）提升逻辑思维能力

数学文化在提升逻辑思维能力方面具有深远而独特的影响。通过数学的学习和应用，人们能够培养严谨的推理能力，掌握系统的思维方法，从而提高解决问题的效率和准确性。在数学文化中，逻辑思维能力的提升体现在多个方面，涵盖了从抽象概念的理解到实际问题的解决，再到创新思维的培养等多维度的进步。

数学文化中的逻辑思维训练始于对基本概念和定理的理解和掌握。学习数学的过程需要对抽象的数学概念进行准确的理解和清晰的表达，这要求学习者具备一定的逻辑推理能力。例如，在学习几何时，需要理解和证明各种几何性质和定理，这一过程不仅是对记忆力的考验，更是对逻辑思维能力的锻炼。通过对定理的证明过程，学生学会了如何从已知条件推导出结论，如何利用反证法、归纳法等逻辑推理方法。这种训练不仅仅是对数学知识的掌握，更是对思维过程的系统梳理和提升。在代数学习中，解方程和化简表达式的过程同样需要严密的逻辑思维。每一步操作都需要依据数学规则和逻辑进行，任何一步的错误都可能导致错误的结论。通过不断的练习，学生逐渐学会了如何有条不紊地处理复杂的数学问题，如何分解问题、解决问题并验证结果的正确性。这种逻辑思维的训练不仅提升了他们在数学领域的能力，也培养了他们在其他领域中分析和解决问题的能力。数学文化不仅仅局限于数学知识本身的学习，还包括数学在其他学科和实际生活中的应用。在物理学中，许多问题的解决都需要借助数学工具，尤其是微积分和线性代数的应用。通过将数学知识应用于物理问题，学生可以进一步理解和掌握物理现象背后的规律。这种跨学科的逻辑思维训练，使他们能够更全面、更深入地理解世界。同时，这种训练还培养了他们的综合思维能力，使他们能够在面对复杂问题时，运用多学科的知识进行分析和解决。在计算机科学中，算法设计和程序编写需要高度的逻辑思维能力。数学文化中培养的逻辑推理能力和系统思维方法，可以帮助学生更好地理解和设计复杂的算法。比如，排序算法、搜索算法及各种数据结构的设计，都需要严密的逻辑思维和系统的规划能力。通过数学文化的熏陶，学生可以更好地理解和掌握这些算法，提高他们在计算机科学领域的创新能力和实践能力。数学文化对逻辑思维能力的提升还体现在对创新思维的培养上。数学问题通常具有多种解法,通过探索不同的解法,学生可以培养自己的创造力和发散思维能力。在解决数学难题的过程中,学生需要不断尝试和探索,找到最优的解决方案,这种过程不仅锻炼了他们的逻辑思维能力,也培养了他们的创新精神和坚持不懈的品质。通过数学文化的熏陶,学生学会了如何从不同的角度思考问题,如何通过不断地尝试和调整,找到最佳的解决方案。数学文化还强调逻辑思维的严谨性和系统性。在数学学习中,每一个步骤、每一个推理都需要有严密的逻辑依据,任何一步的疏漏都可能导致错误的结论。通过这种严谨的逻辑训练,学生可以培养出细致入微的思维习惯,提高他们在各个领域中的分析和解决问题的能力。这种严谨性和系统性不仅在学术研究中至关重要,在实际工作和生活中同样具有重要价值。无论是科学研究、工程设计还是日常决策,都需要这种严谨和系统的逻辑思维能力。数学文化还通过丰富的数学史和数学家的事迹,激发学生对逻辑思维和科学探索的兴趣。了解数学家在解决问题过程中所展示的卓越逻辑思维和创新能力,可以激励学生追求卓越,培养他们的科学精神和探索精神。例如,欧几里得几何体系的建立、高斯的数论,以及牛顿和莱布尼茨在微积分中的贡献,这些伟大的数学成就不仅展示了数学的美丽和力量,也展示了逻辑思维在科学探索中的重要性。通过了解这些数学家的故事,学生可以更加深入地理解逻辑思维的重要性,激发他们在数学和科学领域中的探索和创新。

在教育过程中,数学文化对逻辑思维能力的培养需要多种形式和方法。教师需要设计丰富多样的教学活动,结合实际问题和应用场景,在学生解决实际问题的过程中,培养和提升他们的逻辑思维能力。例如,组织数学建模竞赛、数学游戏和逻辑推理题等活动,激发学生的学习兴趣,培养他们的逻辑思维能力和创新能力。同时,通过小组讨论和合作学习,学生可以在互相交流和合作中,进一步提升他们的逻辑思维能力和团队合作精神。数学文化在提升逻辑思维能力方面具有深远的影响,通过系统的学习和训练,学生可以掌握严密的逻辑推理方法,提高他们的分析和解决问题的能力。同时,通过将数学知识应用于实际问题,学生可以进一步理解和掌握逻辑思维在各个领域中的重要性,提升他们的综合素质和创新能力。在教育过程中,通过丰富多样的教学活动和实践,教师可以帮助学生更好地培养和提升他们的逻辑思维能力,使他们在学习和生活中受益终生。

（二）促进科学技术发展

数学作为科学的语言,其理论和方法在科学研究中起到了关键性的支持作用。数学文化的传播和普及,能够推动科学技术的发展,并在多个学科领域中发挥重要作用。

科学研究离不开数学工具的支持。无论是物理学中的力学、热学、电磁学,还是化学中的反应动力学、分子结构,抑或是生物学中的遗传学、生态学,数学模型和计算方法都是必不可少的工具。通过数学,科学家可以建立精确的模型,描述和预测自然现象的行为。例如,牛顿力学的建立基于微积分的应用,通过数学描述运动的规律,人们能够精确计算物体的运动轨迹。现代物理学中的量子力学、相对论等理论的发展,也同样依赖于数学的支持,通过复杂的数学公式和方程,描述微观粒子的行为和时空的结构。这些理论的发展不仅极大地推动了科学技术的进步,也带来了技术革命,如核能、半导体技术、激光等的应用。在工程技术领域,数学的应用同样不可或缺。工程师通过数学计算和建模,设计和优化各种工程系统和产品。从桥梁建筑到航空航天,从电子电路到化工工艺,数学工具帮助工程师解决复杂的设计问题,提高工程效率和质量。例如,在建筑工程中,结构力学通过数学方法分析建筑物的应力和变形,确保其结构安全和稳定。在航空航天领域,流体力学和空气动力学通过数学模型模拟气流的行为,优化飞机和航天器的设计,提高其性能和安全性。数学文化的普及和推广,可以培养更多具备数学素养的工程技术人才,推动工程技术的进步和发展。信息技术的发展同样离不开数学的支持。在计算机科学中的算法设计、数据结构、网络通信、人工智能等领域,数学方法和理论都起到了关键作用。数学文化的传播和普及,可以推动信息技术的发展,提升计算机技术的创新能力和应用水平。例如,密码学通过数学算法保证信息的安全和隐私,数据挖掘和机器学习通过数学模型分析和处理大规模数据,揭示数据中的规律和价值。数学的应用不仅提高了计算机技术的效率和可靠性,也推动了信息技术在各个领域中的广泛应用,如金融科技、医疗健康、智能制造等。数学文化的传播可以培养更多具备数学思维和技能的信息技术人才,推动信息技术的创新和发展。

数学文化在促进科学技术发展方面的作用还体现在交叉学科的融合和创新。现代科学技术的发展越来越依赖于不同学科的交叉和融合,而数学作为通用的科学语言,在不同学科之间起到了桥梁作用。通过数学工具和方法,不同学科的研究可以实现相互借鉴和融合,推动科学技术的创新和进步。例如,生物信息学结合了生物学和计算机科学,通过数学算法分析和处理基因数据,揭示基因组的结构和功能,推动了生物技术和医学的发展。金融工程学结合了数学、经济学和计算机科学,通过数学模型分析和管理金融风险,推动了金融市场的创新和发展。数学文化的传播和普及,可以促进不同学科之间的交叉和融合,推动科学技术的全面创新和进步。数学文化在促进科学技术发展方面的作用还体现在科学研究的方法论上。数学提供了一种严谨的逻辑推理和分析方法,帮助科学家在研究中进行严密的论证和推导,确保研究结果的科学性和可靠性。数学文化的传播和普及,能够提高科学研究的质量和水平,推动科学技术的发展。例如,在实验科学中,统计学方法帮助科学家设计实验、分析数据,揭示实验结果中的规律和趋势。在理论科学中,数学推理和计算帮助科学家建立和验证理论模型,解释和预测自然现象的行为。数学文化的传播,可以培养更多具备严谨逻辑思维和科学研究能力的科学家,推动科学研究的深入和发展。数学文化还在科学教育和人才培养方面发挥着重要作用。数学文化的传播和普及,可以激发学生对科学技术的兴趣,培养他们的科学素养和创新能力。例如,组织数学竞赛、数学建模、科普讲座等活动,可以激发学生对数学和科学的兴趣,培养他们的逻辑思维和问题解决能力。数学文化的传播,可以为科学技术的发展培养更多的优秀人才,推动科学技术的持续创新和进步。

数学文化在社会进步和经济发展中也具有重要作用。科学技术的发展离不开社会的支持和经济的推动,而数学文化的传播和普及可以提高全社会的科学素养和创新能力,推动社会进步和经济发展。例如,数学文化的普及,可以提高全社会对科学技术的认识和支持,营造良好的创新环境和氛围。数学文化的传播,可以推动科技创新和产业升级,提高经济的竞争力和可持续发展能力。数学文化作为社会和经济发展的重要基础,对科学技术的促进作用不可忽视。数学文化在国际合作和交流中也具有重要作用。科学技术的发展需要全球的合作和交流,而数学作为通用的科学语言,可以促进不同国家和地区之间的科技交流和合作。数学文化的传播和普及,可以推动国际科技合作和交流,促进全球科学技术的发展。例如,组织国际数学竞赛、数学会议和学术交流,可以推动不同国家和地区之间的数学交流和合作,促进数学研究和应用的发展。数学文化的传播,可以为国际科技合作培养更多的优秀人才,推动全球科学技术的共同进步。数学文化在促进科学技术发展方面的作用不仅体现在科学研究和工程技术中,还体现在日常生活和社会发展的方方面面。数学文化的传播和普及,可以提高人们的科学素养和思维能力,促进社会的进步和发展。数学不仅是一种科学工具,更是一种文化现象,数学文化的传播可以培养人们对科学的热爱和追求,提高全社会的科学素养和创新能力。数学文化的传播可以推动科学技术的发展,促进社会的进步和经济的繁荣,为人类文明的进步做出重要贡献。

(三)提高问题解决能力

数学文化不仅帮助我们理解和处理抽象的数学问题,还在实际生活和工作中提供了强有力的工具和方法,提升了我们解决实际问题的能力。

数学文化中的问题解决能力首先体现在对问题的抽象和建模能力上。在数学学习中,学生经常需要将现实中的复杂问题抽象成数学模型,这一过程不仅要求对现实问题有深刻的理解,还需要具备将问题简化、提取关键因素的能力。例如,物理学中的运动学问题、经济学中的市场分析、工程学中的结构设计等,都需要通过数学模型来描述和分析。通过数学文化的熏陶,人们可以学会如何从复杂的现实问题中提取出关键变量,建立简化的数学模型进行分析和求解。这种抽象和建模的能力不仅在学术研究中至关重要,在实际工作和生活中同样具有重要价值。

在数学文化的影响下,逻辑推理能力也得到了显著提升。数学问题的求解通常需要严密的逻辑推理和推导,通过对各种数学定理和公式的学习和应用,学生学会了如何在复杂的推理过程中保持严谨和精确。例如,在证明几何定理时,需要一步步地从已知条件推导出结论,每一步的推理都必须有充分的依据和逻辑支持。这种严密的逻辑推理能力不仅可以解决数学问题,也在其他领域中广泛应用,如法律判决、科学研究、技术设计等。通过数学文化的学习和应用,人们可以在面对各种复杂问题时,运用严密的逻辑推理,逐步分析和解决问题。数学文化还培养了人们系统分析问题的能力。在面对一个复杂问题时,数学文化教会我们如何从整体上理解问题,分解问题的各个部分,逐步分析和解决。系统分析可以更好地理解问题的本质,找到高效的解决方案。例如,在解决线性规划问题时,需要将复杂的优化问题分解成若干个线性约束和目标函数,通过求解线性方程组找到最优解。这种系统分析问题的能力不仅在数学中非常重要,在工程设计、项目管理、经济分析等领域中同样不可或缺。通过数学文化的培养,人们可以在面对复杂问题时,从全局出发,进行系统的分析和求解,提高问题解决的效率和效果。

数学文化中的问题解决能力还体现在对数据的分析和处理能力上。在现代社会,数据无处不在,如何从大量的数据中提取有价值的信息,做出科学合理的决策,成为一个重要的挑战。数学提供了丰富的数据分析工具和方法,如统计分析、回归分析、概率论等,使用这些工具和方法,可以对数据进行全面的分析和处理。例如,在市场营销中,分析销售数据,可以了解市场趋势和消费者行为,为营销策略的制定提供依据;在医学研究中,分析临床数据,可以发现疾病的风险因素,为疾病的预防和治疗提供指导。通过数学文化的学习,人们可以掌握数据分析的工具和方法,提高数据处理和决策的能力。

数学文化还培养了人们的创新思维和创造力。数学问题通常具有多种解法,探索不同的解法,可以培养我们的创新思维和创造力。在解决数学难题的过程中,我们需要不断尝试和探索,找到最佳的解决方案。这种探索和创新的过程不仅提高了我们的数学能力,也培养了我们在其他领域中的创新思维和创造力。通过数学文化的熏陶,我们学会了如何从不同的角度思考问题,如何通过不断的尝试和调整,找到最佳的解决方案。

在实际工作中,数学文化的影响也非常显著。无论是工程设计、项目管理、金融分析还是科学研究,数学方法和工具都起到了关键作用。例如,在工程设计中,数学计算和模拟可以优化设计方案,提高工程效率和质量;在项目管理中,数学规划和调度可以合理分配资源,保证项目按时完成;在金融分析中,数学模型和算法可以分析市场风险,制定投资策略;在科学研究中,数学推理和实验设计可以揭示自然规律,推动科学进步。通过数学文化的学习和应用,我们可以在实际工作中提高解决问题的能力,取得更好的工作成绩。

数学文化在日常生活中的应用也非常广泛。无论是家庭预算、购物决策、时间管理还是风险评估,数学方法都可以帮助我们做出科学合理的决策。例如,数学计算可以合理安排家庭预算,避免不必要的开支;统计分析可以比较不同商品的性价比,做出明智的购物决策;时间规划可以合理安排时间,提高工作和生活的效率;概率分析可以评估各种风险,制定应对措施。通过数学文化的学习和应用,我们可以在日常生活中提高解决问题的能力,过上更加理性和高效的生活。

数学文化对问题解决能力的提升还体现在团队合作和交流能力上。在现代社会,许多复杂问题的解决需要团队的合作和交流。通过数学文化的熏陶,我们可以学会如何在团队中发挥自己的优势,如何与他人进行有效的合作和交流。例如,在数学建模竞赛中,团队成员需要分工合作,共同分析和解决问题;在科研项目中,研究人员需要合作进行实验和分析数据,提出和验证科学假设;在企业管理中,团队成员需要合作制定和实施战略规划,解决企业面临的各种问题。通过数学文化的学习和应用,我们可以在团队合作中提高解决问题的能力,实现团队的目标。数学文化的传播和普及,可以培养人们的科学精神和求知欲望,提高解决问题的积极性和主动性。在面对各种复杂问题时,数学文化教会我们如何保持理性和冷静,如何通过科学的方法进行分析和解决。通过数学文化的学习,我们可以培养严谨的思维习惯和科学的态度,提高解决问题的能力和信心。无论是在学术研究、工作实践还是日常生活中,数学文化都可以帮助我们更好地理解和解决各种问题,实现个人和社会的进步。

数学文化在教育中的作用也非常重要。数学教育可以培养学生的问题解决能力,为他们的未来发展打下坚实的基础。在数学教育中,通过丰富多样的教学活动和实践,学生可以学会如何分析和解决问题,如何运用数学工具进行科学研究和创新。例如,数学竞赛、数学游戏、数学实验等活动,可以激发学生的学习兴趣,培养他们的逻辑思维和创新能力;项目学习、合作学习、小组讨论等方式,可以培养学生的团队合作和交流能力,提高他们的综合素质和解决问题的能力。

(四)丰富人文素养

通过数学文化的学习和传播,人们不仅能够提升科学素养和逻辑思维能力,还能在更深层次上感受到数学的美感和哲理,从而培养更为全面的人文素养。数学不仅是一门科学,它也是一种艺术和哲学,能够帮助人们更好地理解世界、探索真理,并在心灵深处产生共鸣。数学文化中的美学价值是丰富人文素养的重要方面。数学中的对称性、和谐性、简洁性等特质,体现了数学美学的独特魅力。例如,欧几里得几何中的那些定理,不仅具有极高的科学价值,还展示了数学的内在美感。这些美丽的数学结果,不仅让人惊叹于其逻辑严密和精确性,更激发了人们对自然之美的感悟和欣赏。通过数学文化的熏陶,人们可以培养对美的敏感度,提升审美情趣,从而丰富人文素养。在数学史上,许多伟大的数学家不仅是卓越的科学家,还是富有哲理思想的人物。他们在探索数学真理的过程中,展现了深邃的思想和丰富的人文精神。例如,古希腊数学家毕达哥拉斯不仅在数学领域做出了巨大贡献,还提出了"万物皆数"的哲学理念,认为数字是理解宇宙的基础。这种理念不仅影响了数学的发展,也深刻地影响了西方哲学的演进。通过学习这些数学家的人生和思想,人们可以更加全面地理解数学的价值,从而在心灵深处产生共鸣,提升人文素养。数学文化中的哲理思考也在丰富人文素养方面发挥着重要作用。数学中的许多问题不仅是科学问题,更是哲学问题。例如,关于无限的概念,数学家康托尔通过集合论提出了关于不同大小的无穷集合的理论,这一理论不仅在数学上具有划时代的意义,还引发了哲学上的深刻思考。通过对这些数学哲理问题的探讨,人们可以培养独立思考和批判性思维能力,提升哲学素养和智慧,从而更好地理解和面对复杂的现实世界。

数学文化还通过跨学科的融合,促进人文素养的全面发展。现代科学技术的发展越来越依赖于不同学科的交叉和融合,而数学作为基础工具和通用语言,在这一过程中起到了重要的桥梁作用。例如,数学在音乐中的应用,用数学原理解释和分析音乐的节奏、和声、旋律等,揭示了音乐背后的数学规律。这种跨学科的探索,不仅丰富了数学文化的内涵,也让人们在理解音乐的过程中,感受到了数学的魅力,提升了艺术素养和文化修养。数学文化在文学和艺术中的应用也丰富了人文素养。许多文学作品和艺术创作中都蕴含着深刻的数学思想和元素。例如,博尔赫斯的小说中充满了数学和逻辑的奇思妙想,他通过数学概念创造了一个个奇异的文学世界,让读者在感受文学魅力的同时,也体验到了数学的智慧。艺术家埃舍尔的作品,通过精巧的数学构图和视觉错觉,展现了独特的艺术美感和数学逻辑。这些作品不仅是艺术的瑰宝,也让人们在欣赏艺术的过程中,提升了数学素养和人文素养。通过数学文化的学习和传播,人们可以更好地理解科学技术的发展历程和人类智慧的积累。数学作为科学的基础,在人类文明史上扮演了重要角色。通过了解数学的发展历史和伟大数学家的故事,人们可以感受到人类在探索真理过程中所展现的勇气、智慧和创造力。这种对科学和人类精神的敬仰和理解,不仅提升了科学素养,也丰富了人文素养,使人们在学习和工作中更加注重科学精神和人文精神的融合。数学文化还在教育和教学中发挥着重要作用,数学教育可以培养学生的科学素养和人文素养。现代教育理念强调综合素质的培养,而数学作为基础学科,在这一过程中起到了重要作用。通过数学教育,学生不仅可以掌握科学知识和技能,还可以培养逻辑思维能力、审美能力和哲学思维能力。例如,通过数学建模竞赛、数学史课程等活动,学生可以在解决实际问题的过程中,理解数学的应用价值和人文内涵,提升综合素质和人文素养。数学文化在社会进步和文明发展中也具有重要的价值。数学文化的传播和普及,可以提高社会的科学素养和人文素养,推动社会的进步和文明的发展。例如,数学科普活动、数学文化讲座等活动,可以让更多的人了解数学的魅力和价值,培养科学精神和人文精神。数学文化的传播,可以推动社会对科学技术的重视和支持,营造良好的创新环境和文化氛围,促进社会的全面进步和发展。

在现代社会,数学文化的传播和普及也面临着新的挑战和机遇。随着科技的发展和信息的爆炸,人们对数学文化的需求和期待也在不断变化。如何通过现代科技手段,更好地传播和普及数学文化,提升人们的科学素养和人文素养,是一个重要的课题。例如,应用互联网和多媒体技术,可以更加生动和形象地展示数学的美感和哲理,让更多的人感受到数学的魅力。数学文化的创新传播,可以吸引更多的人关注和参与,推动数学文化持续发展和深入人心。数学文化在丰富人文素养方面具有深远的影响和重要的价值,通过对数学美感、哲理和跨学科融合的探索,人们可以更好地理解和欣赏世界的复杂性和多样性,提升综合素质和文化修养。数学文化的学习和传播,可以培养人们的科学精神和人文精神,推动社会的进步和文明的发展。在现代社会,数学文化的传播和普及需要不断创新和发展,以多样化的传播形式和内容,让更多的人感受到数学的魅力和价值,提升科学素养和人文素养,推动人类文明不断进步。

第二节　数学文化在高中教育中的应用

一、数学历史的融入

数学文化在高中教育中的应用不仅有助于学生理解数学概念的本质,还能激发他们对数学的兴趣和热情。其中,将数学历史融入教学是一个极其有效的方法。通过这种方法,学生不仅能掌握数学知识,还能了解到数学的发展历程、数学家的生平和他们的贡献,从而感受到数学的深厚文化底蕴和人类智慧的伟大。

中外数学历史上,第一个能系统说明"数学文化"概念的是美国数学家怀尔德,他提出"数学是文化的产物"。20世纪下半叶美国数学家克莱因对数学文化的概念和内容进行了详尽的阐述,他肯定了数学在文化进程中举足轻重的地位。我国最早关注"数学文化"的学者是孙小礼教授,他通过汇编国内外关于哲学和文化探索的经典文章来论述数学在人类文化中的重要地位。一时间,国内学者们纷纷发表自己的见解。这里被普遍接受的看法是由顾沛先生提出的,他从内涵和外延两个层面详尽地论述了数学文化的实质,简单地说,数学文化是指数学思想、精神、方法、观点,以及它们的产生与蓬勃发展;宽泛些讲,除上述内容外,还包含数学家、数学史、数学美、数学教育、数学发展中的人文成分、数学与经济社会的紧密联系、数学与不同文明的关系"[1]。黄秦安教授从数学文化的基本含义、五大特征和四个层面论述了数学文化的本质,并从微观和宏观两层面阐述了数学文化在人类文化变革中的角色[2]。王宪昌教授从数学客体、数学活动的基础、数学本体三个方面分别论述了数学文化的基本含义,并指明数学文化是一个相对开放的系统[3]。

数学历史的融入不仅限于介绍数学家的生平和成就,还可以通过讲述重要数学事件和发现的过程,来展示数学思想的演变。例如,可以介绍古希腊时期的三大几何难题(倍立方、三等分角、化圆为方),让学生了解这些问题在古代数学中的重

---

[1]　顾沛.数学文化[M].北京:高等教育出版社,2008.

[2]　黄秦安.论数学文化的本质、功能及其在人类文化变革中的角色[J].陕西师大学报(哲学社会科学版),1993(2):52-59.

[3]　郑毓信,王宪昌,蔡仲.数学文化学[M].成都:四川教育出版社,2000.

要地位,以及后来的数学家是如何逐步解决这些问题的。通过这种历史背景的介绍,学生可以更好地理解数学问题的本质和解决问题的方法。

数学历史的融入,还可以帮助学生理解数学与其他学科的关系。数学不仅是独立的学科,也是许多科学领域的重要工具。介绍历史上的重要科学发现,如开普勒的行星运动定律、麦克斯韦的电磁场理论等,可以展示数学在这些发现中的关键作用。通过这种跨学科的视角,学生可以更全面地理解数学的应用价值,培养综合运用知识解决实际问题的能力。数学历史的融入还可以帮助学生培养科学精神和批判性思维。在学习数学历史时,学生可以看到数学家的探索过程、失败和成功的经验,从中体会到科学研究的严谨性和创新性。可以组织学生进行数学历史研究项目,鼓励他们查阅资料、撰写报告,甚至进行小组讨论和展示;还可以通过多媒体手段,如纪录片、电影等,生动形象地展示数学史上的重要事件和人物,让学生在轻松愉快的氛围中学习数学。通过这些多样化的教学方法,学生不仅可以掌握数学知识,还可以体会到数学的文化价值和历史意义。数学历史的融入,不仅丰富了数学教育的内容和形式,还培养了学生的科学素养和人文精神。这种综合素质的培养,对于学生未来的发展具有重要意义。

总之,将数学历史融入高中数学教育,不仅能提升学生对数学的兴趣和理解,还能培养他们的综合素质和人文素养。通过了解数学的发展历程和重要人物的贡献,学生可以更好地理解数学的本质,体会到数学的美和价值,从而激发对数学的热爱和探索精神。在这种文化和历史的熏陶下,学生不仅能掌握数学知识,而且能成为具有科学精神和人文素养的全面发展的人才。

二、现实生活中的数学应用

数学文化在高中教育中的应用可以通过现实生活中的数学应用来具体体现。这种教学方法不仅能够帮助学生理解数学概念和原理,还能让他们看到数学在实际生活中的重要作用,从而提升他们的学习兴趣和动机。在高中数学教育中,将数学应用于现实生活的具体案例,可以涵盖多个方面,如金融、工程、医学、环境科学等,通过这些实际应用,学生可以更好地掌握数学知识并提高解决问题的能力。

在金融领域,数学应用广泛而深入。高中数学教育可以通过实际的金融案例,如贷款计算、投资收益分析、风险评估等,帮助学生理解数学在金融中的重要作用。通过贷款计算,学生可以学习如何计算利息,了解复利和单利的区别,从而理解利息计算的基本原理。这不仅能够帮助他们在日常生活中进行合理的财务规划,还能为未来的经济学、金融学等专业学习打下基础。在投资收益分析中,学生可以学习如何利用数学模型预测投资回报、评估投资风险、了解金融市场的运行机制,这对于他们理解金融市场的复杂性和动态性具有重要意义。

工程领域的数学应用也是高中数学教育的重要内容之一。通过介绍建筑设计、机械制造、电子工程等实际案例,学生可以了解数学在工程设计和制造过程中的关键作用。比如,通过建筑设计中的几何计算,学生可以理解如何利用几何原理进行建筑物的测量和规划,从而确保建筑结构的稳定性和安全性。在机械制造中,通过解析几何和微积分的应用,学生可以学习如何设计和优化机械零件的形状和尺寸,以提高机械设备的效率和性能。在电子工程中,通过电路设计和信号处理的案例,学生可以了解如何利用代数和微积分解决复杂的电路问题,从而掌握基本的电路分析方法。

医学领域的数学应用可以通过介绍统计学和概率论在医学研究中的作用来体现。在医学研究中,统计学和概率论是非常重要的工具,通过数据分析和模型构建,研究人员可以揭示疾病的流行规律、评估治疗效果、预测疾病的发生和发展。通过介绍具体的医学研究案例,如流行病学调查、临床试验数据分析等,学生可以了解如何利用统计学和概率论进行科学研究,掌握基本的数据分析方法,这对于他们未来从事医学研究和公共卫生工作具有重要意义。

环境科学中的数学应用也是高中数学教育的重要内容之一。通过介绍环境监测、生态模型、资源管理等实际案例,学生可以了解数学在环境保护和资源管理中的关键作用。例如,通过对环境监测数据的分析,学生可以学习利用统计学方法评估空气质量、水质状况,从而了解环境污染的程度和趋势。在资源管理中,通过优化模型的应用,学生可以学习如何合理分配和利用自然资源,以实现可持续发展。

在交通运输领域,数学应用也非常广泛。通过介绍交通流量分析、路线优化、交通安全评估等实际案例,学生可以了解数学在交通规划和管理中的重要作用。比如,通过交通流量分析,学生可以学习如何利用统计学和概率论分析交通流量数据,预测交通拥堵的发生和发展,从而提出合理的交通管理措施。在交通安全评估中,通过数据分析和模型构建,学生可以了解如何评估交通事故的风险因素,提出有效的交通安全措施,以减少交通事故的发生。

商业管理中的数学应用也可以作为高中数学教育的实际案例。通过介绍市场分析、经营决策、成本管理等具体案例,学生可以了解数学在商业管理中的关键作用。比如,通过市场分析,学生可以学习如何利用统计学和数据挖掘技术分析市场数据,了解消费者行为和市场趋势,从而制定有效的市场营销策略。在经营决策中,通过决策分析和优化模型的应用,学生可以学习如何进行科学的决策,评估不同决策方案的优劣,从而提高企业的竞争力和效益。在成本管理中,通过成本分析和控制模型的应用,学生可以了解如何进行成本核算和控制,优化企业的资源配置,从而提高企业的经济效益。

在艺术设计领域,数学应用同样具有重要意义。通过介绍建筑设计、平面设计、动画制作等具体案例,学生可以了解数学在艺术设计中的应用和价值。例如,在建筑设计中,通过几何学和对称性的应用,学生可以学习如何设计出美观和实用的建筑结构,理解数学美学的基本原理。在平面设计中,通过比例和黄金分割的应用,学生可以学习如何设计出和谐美观的图案和布局,掌握基本的设计技巧。在动画制作中,通过运动学和变换的应用,学生可以学习如何制作出流畅逼真的动画效果,理解数学在动画中的关键作用。

体育科学中的数学应用也是高中数学教育的实际案例。通过介绍运动生物力学、运动数据分析、运动训练优化等具体案例,学生可以了解数学在体育科学中的重要作用。比如,通过运动生物力学的研究,学生可以学习如何利用力学和微积分分析运动员的运动轨迹和力学特性,从而提出科学的运动训练方法。在运动数据分析中,通过统计学和数据挖掘技术的应用,学生可以学习如何分析运动员的比赛数据,评估他们的表现和进步,从而制订合理的训练计划。在运动训练优化中,通过优化算法的应用,学生可以学习如何设计和优化运动训练方案,提高运动员的训练效果和比赛成绩。

通过将数学应用于现实生活中的具体案例,高中数学教育可以帮助学生更好地理解数学知识,提高他们解决实际问题的能力。这不仅能激发学生对数学的兴趣和热情,还能培养他们的综合素质和创新能力,为他们未来的学习和发展打下坚实的基础。数学不仅仅是一门抽象的学科,更是一门充满实际应用和无限可能的学科。学生在学习数学的过程中,不仅能掌握知识,更能培养解决实际问题的能力和科学思维,从而在未来的生活和工作中,成为具有创新精神和实践能力的优秀人才。

三、跨学科整合

高中课程中包括物理、化学、生物和美术,通过跨学科整合,数学文化可以在这些学科中更加丰富和深入地应用。这种整合不仅能够帮助学生更好地理解和掌握学科知识,还能培养他们的综合思维能力和创新能力。以下是跨学科整合在这些具体学科中的应用。

物理学与数学的整合在高中教育中尤为重要。通过将数学方法应用于物理问题,学生可以更深刻地理解物理现象和规律。例如,在讲解运动学时,匀变速直线运动中有 $s = v_0 t + \dfrac{1}{2}at^2$,对该方程进行求导得到 $v = \dfrac{\mathrm{d}s}{\mathrm{d}t} = v_0 + at$,这样学生能够很快理解物理知识,不用花时间背公式。在波动学中,傅里叶变换作为一种重要的数学工具,可以帮助学生分析和理解波的频谱和干涉现象。这种数学与物理的深度整合,不仅提升了学生的数学应用能力,还加深了他们对物理学的理解。

化学与数学的整合同样具有重要意义。利用数学工具,学生能够更有效地进行化学实验数据的分析和解释,提高他们在化学研究中的定量分析能力。

生物学与数学的跨学科整合在现代生物学研究中尤为重要。通过将数学模型应用于生物系统,学生可以理解和预测生物现象的动态变化。例如,在遗传学中,概率论和统计学方法用于分析基因分离和组合的规律,帮助学生理解孟德尔定律和基因频率的变化。

在生态学中,差分方程和微分方程模型可以用于描述种群动态和生态系统的稳定性,学生利用这些数学工具,可以更好地理解生物群落的结构和功能。在系统生物学中,数学模型用于构建和模拟生物网络和代谢路径,学生可以通过这种跨学科的学习,掌握前沿的生物学研究方法和工具,提升他们的科研能力和创新能力。

美术与数学的整合在培养学生的创造力和审美能力方面具有独特的价值。通过将几何学和比例理论应用于美术创作,学生可以理解和运用对称性、黄金分割等数学美学原理。例如,在绘画和雕塑中,几何学的应用可以帮助学生设计出结构合理、比例协调的艺术作品,理解透视法则和三维构图的技巧。在建筑设计中,几何学和代数方法用于分析和优化建筑物的结构和美观,学生可以利用这些数学工具,提升他们的设计能力和创造力。在数字艺术和计算机图形学中,数学方法用于生成和处理图像,学生可以通过学习这些技术,掌握现代艺术创作的工具和方法,开拓他们的艺术视野。

在教育实践中,跨学科整合可以通过项目学习和课题研究来具体实施。学生可以在教师的指导下,选择感兴趣的跨学科课题,进行深入的研究和探索。例如,学生可以研究如何利用数学模型模拟生态系统的动态变化,分析环境因素对生态平衡的影响;可以研究如何利用化学反应速率模型优化工业生产过程,提升生产效率和环保性能;可以研究如何通过物理和数学方法设计和制造创新的艺术作品,展示他们的创意和设计思维。通过这些项目学习和课题研究,学生不仅能够掌握多学科知识,还能培养研究能力和创新能力。教师在跨学科整合中的角色至关重要。他们需要具备多学科的知识背景和教学能力,能够引导学生进行跨学科学习和研究。教师可以通过合作教学、团队合作等方式,与其他学科的教师共同设计和实施教学活动,推动跨学科整合在教育中的深入应用。例如,数学教师与物理教师合作讲解电磁学中的微分方程应用,数学教师与化学教师合作讲解化学反应速率中的数学模型,数学教师与生物教师合作讲解生态学中的种群动态模型,数学教师与美术教师合作讲解几何学在艺术创作中的应用。这种合作教学,不仅提升了教学效果,还促进了教师之间的交流和合作,推动了教育的整体发展。学校可以为跨学科整合提供更多的资源和支持。学校通过提供现代化的实验室设备、计算机软件、虚拟现实技术等教学资源,为学生提供更多的跨学科学习机会和实践平台。例如,通过虚拟实验室,学生可以进行复杂的科学实验和数学模拟,直观地理解和掌握多学科知识;通过数学软件和编程语言,学生可以进行数据分析和模型构建,解决实际问题,提高动手能力和创新能力。学校还可以组织各种跨学科的学术竞赛和科技创新活动,鼓励学生跨越学科界限,综合应用多学科知识进行创新和创造。跨学科整合在教学评价中的应用也非常重要。通过多样化的评价方式,全面评估学生的学习效果和综合素质,可以更好地激发学生的学习动力和成就感。例如,以项目报告、课题研究、学术论文等形式,评估学生在跨学科整合中的学习成果和创新能力;利用团队合作和口头汇报,评估学生的团队协作能力和表达能力。

跨学科整合在高中数学教育中的应用,不仅能够帮助学生掌握多学科知识,还能培养他们的综合素质和创新能力。这种教学方法将数学与物理、化学、生物、美术等学科有机结合,让学生看到数学在解决复杂问题中的关键作用,从而激发他们的学习兴趣和探索精神。通过跨学科整合,学生不仅能更好地理解和应用数学知识,还能培养综合思维能力和创造力,为他们未来的学习和发展打下坚实的基础。在现代社会,跨学科整合的教育理念和方法对于培养综合素质和创新能力的人才具有重要意义。通过将数学与其他学科有机结合,学生不仅能掌握多学科知识,还能培养解决实际问题的能力和科学思维,从而在未来的生活和工作中,成为具有创新精神和实践能力的优秀人才。这种综合素质的培养,对于学生的全面发展和社会的进步具有重要意义和价值。

四、数学竞赛与建模

数学竞赛与建模,可以有效地激发学生的数学兴趣,培养他们的数学思维能力和创新能力。这种方法不仅能提升学生的数学水平,还能锻炼他们解决实际问题的能力,增强他们的团队合作精神和竞争意识。数学竞赛和建模活动为学生提供了一个展示和提高自己数学能力的平台,同时也为他们未来的学习和发展打下坚实的基础。

数学竞赛是培养学生数学素养的重要途径之一。通过参与各种数学竞赛,学生可以接触到许多富有挑战性的问题,这些问题不仅涉及基础知识的运用,还需要灵活运用数学思维和创新方法。比如,全国高中数学联赛、数学奥林匹克竞赛等竞赛,往往涵盖了代数、几何、组合、数论等多个数学领域,通过这些竞赛,学生可以系统地巩固和拓展自己的数学知识,提升解题技巧和逻辑推理能力。此外,竞赛中出现的许多问题往往与大学数学接轨,这使学生在高中阶段就能够提前接触到一些高等数学的内容,为未来的大学学习打下基础。

数学建模则是一种将数学应用于实际问题的教学方法,通过建立数学模型来解决现实世界中的问题,学生可以学会如何将抽象的数学理论转化为具体的应用。这不仅能够帮助学生理解数学在实际生活中的重要性,还能培养他们的创造性思维和实践能力。例如,在数学建模中,学生可能需要解决一些复杂的工程问题、经济问题、环境问题等,通过对这些问题的分析和建模,学生可以锻炼自己的问题解决能力和综合运用数学知识的能力。

在数学竞赛和建模的过程中,学生不仅可以提高个人的数学能力,还能培养团队合作精神。许多数学竞赛和建模比赛都以小组形式进行,通过团队合作,学生可以相互学习、共同进步。这种合作模式不仅能够提高学生的沟通能力和协作能力,还能培养他们的责任感和团队意识。在比赛过程中,学生需要分工合作,各自负责不同的部分,通过讨论和交流,最终形成一个完整的解决方案。这种团队合作的经历,对于学生的全面发展具有重要意义。数学竞赛和建模还可以培养学生的创新精神和科学素养。在解决竞赛和建模问题时,学生需要运用创造性思维,提出独特的解决方案,尝试不同的方法和策略。这种探索和创新的过程,可以激发学生的好奇心和求知欲,培养他们的独立思考和创新能力。此外,通过参与竞赛和建模,学生可以学会如何进行科学研究,如何从实际问题中提取数学模型,如何进行数据分析和结果验证,这些科学素养对于他们未来的学习和科研工作非常重要。在数学竞赛和建模的准备过程中,教师的指导和支持至关重要。教师可以通过专题讲座、辅导班、训练营等形式,为学生提供系统的培训和指导,帮助他们掌握竞赛和建模所需的知识和技能。此外,教师还可以通过组织模拟比赛、实践活动等方式,提高学生的实战能力和应变能力。在这个过程中,教师不仅是知识的传授者,更是学生学习和成长的引导者。通过他们的指导,学生可以更好地应对竞赛和建模中的各种挑战。数学竞赛和建模还可以通过校内外合作,拓宽学生的学习渠道和实践平台。学校可以与大学、科研机构、企业等合作,邀请专家学者为学生进行讲座和指导,提供更多的学习资源和实践机会。例如,学校可以邀请大学教授为学生讲解高等数学和数学建模的方法,邀请企业工程师分享实际项目中的建模经验,通过这些合作和交流,学生可以接触到更多的前沿知识并获得实践经验,提升他们的学习水平和实践能力。在数学竞赛和建模的实施过程中,学生的自我管理和时间管理能力也得到了锻炼。由于竞赛和建模活动往往需要大量的时间和精力,学生需要合理安排自己的学习时间,平衡日常学习与竞赛准备。这种自我管理和时间管理的能力,对于学生未来的学习和工作非常重要。通过参与竞赛和建模,学生可以学会如何高效利用时间,如何制订计划和目标,从而提高他们的学习效率和综合素质。数学竞赛和建模还可以通过多样化的评价方式,全面评估学生的学习效果和综合素质。传统的考试评价方式往往侧重于知识的掌握,而数学竞赛和建模则注重学生的创新能力、实践能力和团队合作能力。因此,竞赛成绩、建模报告、团队合作等多方面的评价,可以更全面地反映学生的学习水平和综合素质。这种多样化的评价方式,不仅能够客观反映学生的学习情况,还能激发他们的学习动力和成就感。

通过数学竞赛和建模,学生可以在实践中体会到数学的魅力,激发他们对数学的热爱和探索精神。许多学生在参与竞赛和建模后,发现了自己对数学的浓厚兴趣,选择在大学继续学习数学或相关专业,甚至成为数学家或工程师。数学竞赛和建模不仅是一种教学方法,更是一种培养数学人才的重要途径,通过这种方式,许多优秀的数学人才脱颖而出,为国家的科学技术发展做出了重要贡献。数学竞赛和建模还可以为学生提供更多的学习和交流机会。通过参加国内外的数学竞赛和建模比赛,学生可以与来自不同地区和国家的优秀学生进行交流和学习,开阔视野,提升自己的竞争力。例如,参加国际数学奥林匹克竞赛等,可以让学生接触到世界顶尖的数学问题和解决方法,了解国际前沿的数学研究动态,提升他们的国际视野和学术水平。在学校的整体教育中,数学竞赛和建模也起到了积极的推动作用。通过组织和开展各种竞赛和建模活动,学校可以营造浓厚的学习氛围,激发学生的学习兴趣和热情,提高整体的教学质量和水平。此外,通过竞赛和建模活动,学校可以发现和培养一批数学特长生,为他们提供更多的学习资源和发展机会,帮助他们在数学的道路上走得更远。

数学竞赛和建模不仅在学术上具有重要意义,在学生的个人成长和职业发展中也起到了重要作用。通过参与这些活动,学生不仅能够提升自己的数学能力和综合素质,还能培养独立思考和解决问题的能力,这些能力对于他们未来的学习和工作都非常重要。许多学生在参与竞赛和建模后,发现了自己的潜力和兴趣,选择在大学继续深造,甚至在职业生涯中取得了优异的成绩。总的来说,数学竞赛和建模作为数学文化在高中教育中的重要应用,通过提供挑战性的问题和实际应用的机会,能够有效地激发学生的数学兴趣,培养他们的数学思维能力和创新能力。通过这种方法,学生不仅能提升自己的数学水平,还能锻炼解决实际问题的能力,增强团队合作精神和竞争意识。这些能力对于学生的全面发展和未来的成功具有重要意义。数学竞赛和建模不仅是数学教育的重要组成部分,更是培养数学人才和推动教育发展的重要途径。通过这种方式,高中教育不仅能够提升学生的数学素养,还能为他们未来的学习和发展打下坚实的基础。

第三章　案例教学的设计与实施

第一节　案例选择的原则和方法

一、案例

案例一词来源于"Case","Case"一词即可译作"事例""个案""个例"。"案例"一词在不同的领域中具有不同的含义,如在西方资本主义发达国家的法律体系内,"Case"译作"判例",用以表示"判决后并被记录下来的案件";在医学中指病人的诊疗过程、疾病特征和治疗结果的详细描述,其实就是"病例";在商业领域中"Business case"则是指对某一商业问题进行分析和解决的事例,此处"Case"译作"事例";在军事领域,"Case"则表示"战例",是对战争情况的一种记录,作为例子供往后的研究者进行参考或研究。

对于案例在教育领域的定义,不同学者有不同的看法。劳伦斯认为,"案例是对一个复杂情境的记录。"托尔则认为"一个出色的案例,是教师与学生就某一具体事实相互作用的工具;一个出色的案例,是以实际生活情境中肯定会出现的事实为基础所展开的课堂讨论。它是进行学术探讨的支撑点;它是关于某种复杂情境的记录;它一般是在让学生理解这个情景之前,首先将其分解成若干成分,然后再将其整合在一起。"理查特指出:"教学案例描述的是教学实践,通过生动的故事情节,展现了教师和学生的典型行为、思想和情感。"郑金洲教授则指出,案例是对真实情境的描述,通常包含一个或多个具有挑战性的问题,并且可能存在解决这些问题的方法。孙军业在《案例教学》一书中指出,案例是一系列生动的教育故事,研究者可以从中发现问题并寻找解决问题的方法。通过以上关于案例概念的描述,结合高中数学知识的特点,我们可以将高中数学中的案例概括为以下内容:案例,指的是基于客观事实的某件具体典型事件的叙述,其所涉及的问题都是具有代表性的,可作为学习者分析和讨论的基础,有助于构建知识框架,具备很高的教学适用性。在高中数学教学中,教师应根据教学目标、学生知识水平和思维能力,精选并撰写具有情境性和教育意义的真实案例,以教材内容为框架,记录、总结并最终呈现这些案例。

二、案例教学法

哈佛商学院认为:案例教学法作为一种教学方法,通过呈现具体的工商事例,在教师的引导下,师生共同讨论交流案例中出现的疑难杂症并提出解决策略。学生可以在教师引导下进行个人研究和讨论,并最终进行全班讨论。因此,案例教学法不仅涉及特定的教学素材,同时也需要掌握应用这些素材所需的特定技巧。案例是对真实情境的描述,通常包含一个或多个具有挑战性的问题,并且可能存在解决这些问题的方法。它以学生主动参与为特点,旨在强化学生求知过程,增长知识和技能,缩短教学与实际生活情境的距离。[1] 其他学者则有不同的看法,比如商学领域学者认为案例教学法 "是一种通过分析相关事例,培养学生使用学到的知识,针对问题提出策略的一种教学方法。"[2] 医学领域学者则认为案例教学法 "是通过教学互动与训练,帮助医学生建立专业知识体系,增强对临床实践方法的运用,提高医学生综合能力的方法。"[3]

案例教学法是一种以案例为基础展开的教学方法,主要目的是通过实际的案例来培养学生的问题解决能力和批判性思维能力。这种教学方法可以激发学生的学习兴趣,培养学生的创新能力和实践能力。总而言之,案例教学法作为一种教学方法,以案例为教学工具,通过案例来展示具体问题和问题解决的过程,能够促进学生的问题解决能力和批判性思维能力的培养。因此,需要对案例教学法进行深入研究,并正确地运用该方法,以充分发挥其优势。这样可以避免教学上的错误、提高教学质量,并发挥教学的优势。在实际的教学中,教师需要根据具体的情况,精心设计案例教学的环节和过程,以更好地发挥案例教学法价值。

---

① 邓伟.高中生物教学中案例教学的运用刍议 [J].新课程导学,2017(29):53.
② 潘慧.案例教学法在市场营销学教学中的运用 [J].中外企业家,2020(5):192-193.
③ 汪巍,余佳,李东航,等.案例教学法在胸外科疾病教学中的心得体会 [J].继续医学教育,2020,34(2):59-61.

三、案例选择的原则

在案例教学中,高中数学案例的选择需要遵循一系列原则,这些原则旨在确保案例能够有效支持教学目标的实现,激发学生的学习兴趣,提升他们的数学素养和问题解决能力。选择适当的案例是关键,这需要教师在具体的教学情境中综合考虑多个因素,以确保案例的教育价值和实际应用效果。

相关性是选择数学案例的重要原则。案例必须与教学内容和目标紧密相关,这样才能帮助学生更好地理解和掌握所学知识。例如,在讲授函数和图形时,选择包含函数应用的实际案例,如经济学中的成本和收益分析,能够使学生在具体情境中体会到函数的实际应用,增强他们对知识的理解和记忆。

代表性也是不可或缺的原则。所选案例应具有广泛的代表性,能够反映高中数学中常见的问题和情境。通过分析具有代表性的案例,学生可以全面掌握数学概念和方法,提高解决类似问题的能力。例如,在学习概率论时,可以选择与生活密切相关的概率案例,如天气预报等,这些案例能够直观地展示概率论的实际应用,帮助学生更好地理解和应用概率知识。

趣味性和吸引力是激发学生学习兴趣的重要因素。选择有趣且具有挑战性的案例,能够引发学生的好奇心和探索欲,从而提升他们的参与度和学习积极性。例如,可以选择一些与学生生活密切相关的案例,如运动比赛中的统计分析、电子游戏中的数学问题等,这些案例不仅有趣,还能让学生看到数学在日常生活中的广泛应用,提高他们的学习动力。

真实性和实际性是提高案例教学效果的重要保障。案例应尽量基于真实的事件和数据,具有高度的现实性。真实的案例能够帮助学生理解数学在现实世界中的应用,提升他们解决实际问题的能力。例如,在讲解统计学时,可以选择实际的社会调查数据进行分析,让学生通过处理真实数据,体会统计方法在实际问题中的作用和价值。

多样性是案例选择的另一个关键原则。多样性的案例能够涵盖不同的数学领域和问题类型,帮助学生接触到广泛的知识和技能。例如,在讲解几何学时,可以选择包括平面几何、立体几何、解析几何等不同类型的案例,通过这些多样性的案例,学生可以全面理解几何概念和方法,提高综合应用能力。

复杂性适中的案例能够有效挑战学生的思维和分析能力。选择的案例应具有适当的复杂性,既不能过于简单,使学生无法从中获得深度学习的机会,也不能过于复杂,以至于超出学生的认知水平和能力范围。

时效性也是选择数学案例的重要考虑因素。选择和更新具有时效性的案例,能够反映当前社会、科技、经济等领域的最新发展和热点问题,使学生感受到所学知识的现实意义和应用价值。例如,选择当前的环保问题、能源问题等,这些时效性的案例可以让学生在数学学习中关注社会热点和现实问题,培养他们的社会责任感和使命感。

考虑学生的兴趣和背景是提高案例教学效果的关键。选择能够引起学生共鸣的案例,通常能更好地激发他们的学习兴趣和积极性。教师在选择案例时,应了解学生的兴趣爱好、学术背景和知识水平,从而选择适合他们的案例。例如,对于喜欢体育运动的学生,可以选择体育赛事中的数学问题,对于喜欢科技创新的学生,可以选择涉及最新科技发展的数学案例。选择这些贴近学生实际的案例,可以提高他们的学习动机和参与度。

除了综合考虑这些原则,教师在选择数学案例时,还需要进行详细的准备和设计。教师应对所选案例进行深入分析,编写详细的案例材料,包括背景信息、问题描述、数据资料和讨论提示等。这些材料应清晰、详细,能够帮助学生理解和分析案例中的问题和情境。

评估和调整案例是确保案例教学效果的关键步骤之一。在选择和设计案例之后,教师应对案例进行详细评估,包括相关性、代表性、趣味性、真实性、多样性、复杂性和时效性等方面。根据评估结果,教师可以对案例进行适当的调整和完善,确保其质量和适用性。在实际教学中,教师应根据学生的反馈,不断调整和改进案例材料和教学方法。教师可以通过学生的讨论表现、案例报告和解决方案等多种形式,评估学生的学习效果和案例教学的实际效果。这种动态调整和改进的过程,能够帮助教师不断提升案例教学的质量和效果,实现更好的教学目标。选择经典案例也是教师在数学案例选择中的重要方法。经典案例经过时间的检验,具有较高的教育价值和学术价值。教师可以从专业书籍、学术期刊、行业报告中收集和筛选经典案例,结合教学目标和学生需求,进行适当的调整和应用。

鼓励学生参与案例选择的过程,可以进一步提高案例的相关性和趣味性。通过征集学生的实际问题和案例,教师可以了解学生的兴趣和需求,从而选择与之相关的案例进行教学。这种方法不仅能够提高案例的相关性和趣味性,还能增强学生的参与感和责任感。

充分利用多媒体资源,是提高案例教学效果的重要手段。通过多媒体技术,教师可以将案例的背景信息、数据资料和情境描述,生动形象地呈现出来,增强案例的直观性和互动性。例如,可以使用视频、音频、图片、数据图表等多种媒体形式,帮助学生更好地理解和分析案例中的问题和情境。

通过校内外合作,拓宽案例选择的渠道和资源,是提高案例质量和适用性的重要措施。学校可以与大学、科研机构、企业等合作,获取更多高质量的案例资源。通过与行业专家和科研人员的合作,教师可以选择和设计更加贴近实际的案例,使学生在真实情境中进行学习和实践,提升他们的应用能力和综合素质。

总之,案例选择在案例教学中至关重要,教师需要科学合理地选择和设计案例,确保其教育价值和教学效果。通过遵循一系列原则,教师可以选择和设计出高质量的案例,支持案例教学的实施,为学生提供深入学习和实践的机会,培养他们的综合素质和创新能力。这不仅能够提升学生的学习效果,还能为他们未来的学习和发展打下坚实的基础。

四、案例选择的方法

在高中数学中应用案例教学不仅能够提高学生的学习兴趣和理解能力,还能培养他们的实际应用能力和综合素质。选择适合的案例是案例教学的关键环节,教师在选择高中数学案例时,需要运用一系列的方法,确保案例的教育价值和教学效果。选择案例的方法多样且灵活,需要综合考虑教学目标、学生需求、知识点覆盖、实践应用等多个方面。案例选择的方法首先是基于教学目标。教师在选择案例时,需要明确教学目标,确保所选案例能够支持这些目标的实现。例如,如果教学目标是让学生掌握函数的基本概念和应用,教师可以选择涉及函数应用的实际案例,如经济学中的成本收益分析,帮助学生在具体情境中理解和应用函数知识。

从学生的需求出发选择案例,是提高案例教学效果的重要方法。了解学生的兴趣爱好、学术背景和知识水平,有助于教师选择适合学生的案例。通过选择与学生生活和学习密切相关的案例,教师可以激发学生的学习兴趣和积极性,提高他们的参与度和学习效果。具体来说,教师可以通过调查问卷、课堂讨论等方式,了解学生的需求和兴趣点,从而选择符合他们期望的案例。利用真实事件和数据是选择案例的有效方法。真实的案例能够反映现实世界中的复杂性和多变性,帮助学生理解数学在实际中的应用。教师可以结合教材,将教材中提供的经典案例和问题情境,结合当前的社会热点,进行优化和拓展。例如,结合市场供需分析、企业财务管理等经济热点问题,教师可以设计出更贴近学生实际生活的教学内容,使学生更直观地感受到数学在现实生活中的应用价值。同时,从学生的需求出发,选择和设计案例,使教学内容更具针对性和吸引力。教师应了解学生的学习兴趣和难点,并选择相关案例进行重点讲解和分析。这种方法不仅丰富了课堂教学内容,还提高了学生的学习兴趣和主动性,帮助他们在实际情境中应用数学知识,培养解决实际问题的能力。

设计模拟案例是另一种常用的方法。教师可以根据教学需要和目标,设计一些模拟的案例,这些案例可以基于真实事件进行改编,或者完全由教师创作。模拟案例的设计应注重情境的真实性和复杂性,确保能够引导学生进行深入的分析和思考。通过设计模拟案例,教师可以控制案例的难度和方向,使其更加适合学生的学习水平和教学目标。

借鉴经典案例是提高案例选择质量的重要途径。经典案例经过时间的检验,具有较高的教育价值和学术价值。教师可以在专业书籍、学术期刊、教育资源库等渠道中收集和筛选经典案例,并结合教学目标和学生需求,进行适当的调整和应用。例如,教师可以选择一些经典的数学难题、著名的数学定理证明等,让学生体会数学的魅力和挑战。

结合多媒体资源选择案例,可以增强案例的直观性和互动性。通过多媒体技术,教师可以将案例的背景信息、数据资料和情境描述生动形象地呈现出来,帮助学生更好地理解和分析案例。例如,可以使用视频、音频、图片、数据图表等多种媒体形式,展示案例中的关键要素和问题情境,增强学生的参与感和学习体验。

合作选择案例是拓宽案例来源和提升案例质量的重要方法。教师可以与其他学科教师、行业专家、科研人员等合作,共同选择和设计案例。例如,数学教师可以与物理教师合作,选择一些涉及物理问题的数学案例,如运动学中的微积分应用,通过跨学科的合作,丰富案例的内容和视角,提高案例的综合性和实践性。教师还可以与企业和科研机构合作,获取更多高质量的案例资源。教师通过与行业专家和科研人员的合作,选择和设计更加贴近实际的案例,让学生在真实情境中进行学习和实践,提升他们的应用能力和综合素质。

征集学生案例是增强学生参与感和提高案例相关性的方法之一。教师可以鼓励学生提交他们在生活或学习中遇到的数学问题或案例,通过这些案例,教师可以了解学生的兴趣和需求,从而选择与之相关的案例进行教学。学生参与案例选择的过程,不仅能够提高案例的相关性和趣味性,还能增强他们的责任感和参与感,激发他们的学习动机和积极性。

评估和调整案例是确保案例教学效果的重要环节。教师在选择和设计案例之后,需要进行详细的评估和调整,确保案例的质量和适用性。使用案例后收集学生的反馈意见,教师可以借此了解案例在实际教学中的效果和问题,从而进行相应的调整和改进。例如,可以通过学生的讨论表现、案例报告、解决方案等多种形式,评估学生的学习效果和案例的教学效果,根据评估结果,进行适当的调整和完善,确保案例的教育价值和教学效果。

灵活使用不同类型的案例,是提高案例选择多样性和综合性的有效方法。教师可以根据不同的教学目标和学生需求,选择和设计适合的案例。例如,可以选择一些实际应用型案例,如统计分析、数据处理等,通过这些案例,学生可以掌握统计方法和数据分析技能;也可以选择一些理论探讨型案例,如数学定理的证明、数学难题的解决等,通过这些案例,学生可以深入理解数学理论和方法。通过多样化的案例选择,教师可以帮助学生全面掌握数学知识和技能,培养他们的综合素质和创新能力。

利用数据和统计工具选择案例,是提升案例选择科学性和有效性的方法之一。教师可以通过数据分析和统计工具,了解学生的学习情况、知识掌握程度和问题解决能力,从而选择适合他们的案例。例如,通过分析学生的考试成绩、作业完成情况、课堂表现等数据,教师可以了解学生的学习进展和薄弱环节,从而选择和设计有针对性的案例,提高案例教学的针对性和有效性。

利用实践和实验选择案例,是提高案例实用性和应用性的重要方法。教师可以通过设计和实施实验,选择和设计适合的案例。例如,在讲解几何学时,可以通过实际测量和建模,设计一些涉及几何问题的案例,通过这些实践和实验案例,学生可以在动手操作中理解和掌握几何概念和方法,提升实践能力和应用能力。

结合社会热点和现实问题选择案例,是提高案例时效性和现实意义的方法之一。教师可以选择一些当前社会、科技、经济等领域的热点问题和现实问题,设计和选择适合的案例。例如,可以选择当前的环保问题、能源问题、社会经济问题等,这些时效性和现实性强的案例可以让学生在数学学习中关注社会热点和现实问题,培养他们的社会责任感和使命感。

通过研讨和交流选择案例,是提升案例选择质量和丰富性的有效方法。教师可以通过学术研讨会、教育论坛、教师交流等方式,分享和讨论案例选择的经验和方法,借鉴和学习其他教师的成功经验,提高案例选择的科学性和有效性。例如,可以通过参加数学教育研讨会,了解最新的案例教学方法和案例资源;通过与同行的交流,获取更多高质量的案例资源和选择方法。

选择和设计高中数学案例的方法多样且灵活,教师需要综合运用多种方法,确保案例的教育价值和教学效果。教师应选择和设计出高质量的案例,支持案例教学的实施,为学生提供深入学习和实践的机会,培养他们的综合素质和创新能力。这不仅能够提升学生的学习效果,还能为他们未来的学习和发展打下坚实的基础。

第二节　案例教学的设计框架

案例教学的设计框架是一个系统化的过程,旨在通过精心设计的案例引导学生进行深入的分析和讨论,从而实现教学目标,提高学生的实践能力和综合素质。案例教学的设计框架包括确定教学目标、选择和设计案例、编写案例材料、实施案例教学、评估和反馈及持续改进与创新,图3.1为设计框架图。

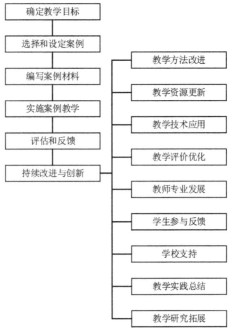

图 3-1　设计框架图

一、确定教学目标

教学目标的明确不仅决定了案例选择的方向,还影响了教学活动的设计和实施效果。教学目标应具体、可测量、具有挑战性且可实现,并与学生的实际需求和课程要求相结合。确定教学目标需要考虑多方面的因素,确保其能够指导整个案例教学过程,并最终实现预期的教育效果。

明确教学目标时要考虑课程大纲和教学计划的要求。这意味着目标的设定需要与课程的总体要求相一致,并覆盖课程中需要掌握的核心知识和技能。教学目标应反映出学生在学习过程中需要达到的具体成就,如理解某个概念、掌握某种技能或具备某种能力。

教学目标的设定还需要考虑学生的学习需求和水平。不同的学生在知识基础、学习能力和兴趣爱好等方面存在差异,因此,教学目标应具有一定的灵活性和适应性。教师可以通过课前调研、问卷调查和课堂观察等方式了解学生的实际情况,确定适合他们的教学目标。这样的目标不仅能够激发学生的学习兴趣,还能帮助他们在学习过程中取得实实在在的进步。例如,对于基础较好的学生,可以设定更具挑战性的目标,如解决复杂的数学问题或进行深度的理论探讨;而对于基础较弱的学生,则可以设定一些基础性目标,帮助他们巩固基本知识和技能。

在确定教学目标时,还需关注知识的整合和应用能力的培养。现代教育不仅强调知识的传授,更注重学生综合能力的提升。教学目标应涵盖知识的理解、应用、分析、综合和评价等多个层次,帮助学生在学习过程中逐步提升思维能力和解决问题的能力。例如,在数学教学中,除了要求学生掌握基本公式和定理外,还可以设定目标,让学生通过案例分析培养逻辑推理能力和批判性思维能力,能够综合运用所学知识解决实际问题。

教学目标的设定还应结合具体的教学情境和资源条件。案例教学往往涉及实际问题和情境,因此,目标设定应考虑教学资源的可获得性和教学情境的实际情况。教师需要根据所选案例的特点和可用资源,设定符合实际的教学目标。例如,如果案例涉及复杂的数据分析和计算,教师需要确保学生具备相应的软件工具和技术支持,才能实现预期的教学目标。

此外,教学目标的设定还应注重目标的可测量性和可评价性。一个明确的教学目标应具有可测量的标准,能够通过具体的评估方式来检测学生是否达到了预期的学习效果。这不仅有助于教师在教学过程中进行有效的监控和调整,也有助于学生明确自己的学习方向和努力目标。例如,如果教学目标是提高学生的数据分析能力,教师可以通过设计相应的评估任务,如数据分析报告、案例解决方案等,来检测学生是否达到了目标。

在设定教学目标时,还应考虑目标的可实现性和挑战性。教学目标应在学生现有能力和知识水平的基础上,具有一定的挑战性,以激发他们的学习动力和潜力,但同时也应确保目标是可以实现的,不会让学生感到过于困难和挫败。例如,在数学教学中,目标可以是让学生在掌握基本概念的基础上,尝试解决一些具有一定挑战性的实际问题,这样既能够激发他们的学习兴趣,又能够帮助他们逐步提升能力。

确定教学目标是一个动态调整的过程。教师需要在教学实践中不断反思和改进,根据学生的反馈和学习效果,适时调整教学目标,确保其始终与教学实际相符。

通过不断调整和优化教学目标,教师可以更好地了解学生的学习需求和课程要求,提高教学的有效性和针对性。

在案例教学中,确定教学目标是一个需要综合考虑多方面因素的过程。教师不仅要结合课程大纲和教学计划,还要关注学生的实际需求和水平,注重知识的整合和应用能力的培养,结合具体的教学情境和资源条件,确保目标具有可测量性和可评价性,同时保持一定的挑战性和可实现性。通过设定明确和合理的教学目标,教师可以有效指导整个案例教学过程,帮助学生在学习过程中取得实际的进步和提升。明确的教学目标不仅是教学设计的起点,也是评价教学效果的重要依据。通过设定具体、可测量的教学目标,教师可以在教学过程中进行有效的监控和调整,根据学生的学习情况和反馈,及时优化教学策略和方法,提高教学的有效性和针对性。同时,明确的教学目标也有助于学生明确自己的学习方向和努力目标,增强他们的学习动机和自信心。确定教学目标时,教师还应注意目标的层次性和递进性。教学目标应分层次设定,逐步递进,帮助学生在学习过程中逐步提升能力。例如,可以先设定一些基础性的目标,如掌握基本概念和原理,然后逐步过渡到更高层次的目标,如综合应用和创新能力的培养。通过层次性和递进性的目标设定,教师可以帮助学生在不同阶段取得相应的进步,逐步提升他们的综合素质和能力。在设定教学目标时,还应注重目标的多样性和全面性。教学目标应涵盖知识、技能、态度等多个方面,帮助学生全面发展。例如,除了知识掌握和技能训练外,还可以设定一些关于学习态度、合作能力、创新精神等方面的目标,培养学生的综合素质和能力。通过设定多样性和全面性的目标,教师可以帮助学生在学习过程中全面发展,提高他们的综合素质和竞争力。确定教学目标还需要教师具备一定的专业素养和教育智慧。教师需要深入理解课程内容和教学方法,了解学生的实际情况和学习需求,能够结合具体的教学情境和资源条件,科学合理地设定教学目标。同时,教师还需要不断学习和借鉴新的教育理念和方法,提升自己的专业能力和教学水平,以更好地指导和实施案例教学。教学目标的设定不仅影响到案例教学的效果,也对学生的学习体验和发展产生深远影响。通过设定明确和合理的教学目标,教师可以有效激发学生的学习兴趣和积极性,帮助他们在学习过程中取得实实在在的进步和提升。同时,教学目标的实现也有助于学生树立学习信心,增强他们的学习动力和成就感,培养他们的自主学习能力和创新能力。在案例教学中,明确的教学目标不仅是教学设计的起点,也是评价教学效果的重要依据。通过设定具体、可测量的教学目标,教师可以在教学过程中进行有效的监控和调整,根据学生的学习情况和反馈,及时优化教学策略和方法,提高教学的有效性和针对性。同时,明确的教学目标也有助于学生明确自己的学习方向和努力目标,增强他们的学习动机和自信心。

综上所述,确定教学目标是案例教学设计框架中的关键环节。教师需要综合考虑课程要求、学生需求、知识整合、教学资源、目标可测量性和挑战性等多个因素,科学合理地设定教学目标,确保其能够有效指导案例教学的实施,帮助学生在学习过程中取得实际的进步和提升。通过设定明确和合理的教学目标,教师可以有效激发学生的学习兴趣和积极性,提高教学的有效性和针对性,培养学生的综合素质和创新能力,为他们的全面发展和未来的学习与工作打下坚实的基础。

二、选择和设计案例

选择和设计适合的案例不仅能够激发学生的学习兴趣,还能帮助他们在实际情境中更好地理解和应用数学知识。在这个过程中,需要综合考虑多方面的因素,以确保案例的有效性和教育价值。教师需要深入了解课程内容和学生需求,结合实际情况,科学合理地进行案例选择和设计。

选择案例时,教师需要考虑课程的具体教学目标和内容要求。高中数学课程涵盖了多个知识领域,如代数、几何、微积分、概率统计等。每个知识领域都有其独特的概念和应用场景,因此,选择案例时应确保其能够有效支持相关知识点的教学。设计案例时,教师应确保案例具有代表性和典型性。一个好的案例应能够反映出某一数学问题的核心特征和一般规律,学生通过分析案例,可以掌握解决类似问题的方法和技巧。例如,在讲解概率统计时,可以选择一个关于抽样调查的案例,通过分析样本数据,推断总体特征,帮助学生理解概率和统计的基本概念和应用方法。这样的案例不仅能够有效支持教学目标的实现,还能帮助学生将理论知识与实际应用相结合。

案例的趣味性和吸引力也是设计过程中需要重点考虑的因素。一个有趣的案例能够激发学生的学习兴趣和积极性,使他们更加投入地参与到学习过程中。教师可以选择与学生生活密切相关的实际问题,或设计一些具有挑战性的数学难题,通过这些案例吸引学生的注意力。例如,可以选择一个关于学校运动会成绩分析的案例,让学生通过数据分析,找出影响成绩的关键因素,并提出改进建议。这不仅能够提高学生的学习兴趣,还能帮助他们将数学知识应用到实际问题中。

在选择和设计案例时,还需要注重案例的真实性和实际性。案例应尽量基于真实的事件和数据,具有高度的现实性。真实的案例能够帮助学生理解数学在现实世界中的应用,提升他们解决实际问题的能力。例如,可以选择一个关于城市交通流量分析的案例,通过实际交通数据的分析,找出交通拥堵的原因,并提出优化方案。这样的案例不仅具有实际意义,还能帮助学生掌握数据分析和问题解决的方法和技巧。

多样性是选择和设计案例时另一个需要重点考虑的因素。多样性的案例能够涵盖不同的数学知识领域和问题类型,帮助学生接触到广泛的知识和技能。教师可以选择包括平面几何、立体几何、解析几何等不同类型的案例,通过这些多样性的案例,学生可以全面理解几何概念和方法,提高综合应用能力。例如,在讲授几何时,可以选择一个关于建筑设计的案例,通过分析建筑物的几何形状和结构,帮助学生理解几何学在实际生活中的应用。

案例的复杂性应适中,既不能过于简单,使学生无法从中获得深度学习的机会,也不能过于复杂,以至于超出学生的认知水平和能力范围。教师在设计案例时,需要根据学生的实际情况,控制案例的难度和复杂性。例如,在讲解函数时,可以选择一个关于经济学中的成本收益分析的案例,通过函数关系的分析,找出最优的成本控制方案。这样的案例具有一定的复杂性,但在学生的理解范围内,能够有效提高他们的分析和解决问题能力。

时效性是选择和设计案例时的重要考虑因素。选择具有时效性的案例,能够反映当前社会、科技、经济等领域的最新发展和热点问题,使学生感受到所学知识的现实意义和应用价值。例如,可以选择当前的环保问题、能源问题、社会经济问题等,这些时效性和现实性强的案例可以让学生在数学学习中关注社会热点和现实问题,培养他们的社会责任感和使命感。

在选择和设计案例时,教师还应考虑学生的兴趣和背景。了解学生的兴趣爱好、学术背景和知识水平,有助于选择适合他们的案例。通过选择与学生生活和学习密切相关的案例,教师可以激发学生的学习兴趣和积极性,提高他们的参与度和学习效果。例如,对于喜欢体育运动的学生,可以选择体育赛事中的数学问题,通过这些贴近学生实际的案例,帮助他们更好地理解和应用数学知识。

教师在选择和设计案例时,还应注重案例材料的编写和准备。案例材料应包括背景信息、问题描述、数据资料、讨论提示等。这些材料应清晰、详细,确保学生能够理解和使用这些材料进行学习和分析。例如,在选择一个关于市场营销数据分析的案例时,教师应提供详细的市场数据、背景信息和问题描述,引导学生进行数据分析和解决问题。

评估和调整案例是确保案例教学效果的重要环节。教师在选择和设计案例之后,需要进行详细的评估和调整,确保案例的质量和适用性。使用案例后,收集学生的反馈意见,教师可以了解案例在实际教学中的效果和问题,从而进行相应的调整和改进。例如,可以通过学生的讨论表现、案例报告、解决方案等多种形式,评估学生的学习效果和案例的教学效果,根据评估结果,进行适当的调整和完善,确保案例的教育价值和教学效果。

灵活应用不同类型的案例,是提高案例选择多样性和综合性的有效方法。教师可以根据不同的教学目标和学生需求,选择和设计适合的案例。例如,可以选择一些实际应用型案例,如统计分析、数据处理等,让学生掌握统计方法和数据分析技能;也可以选择一些理论探讨型案例,如数学定理的证明、数学难题的解决等,让学生深入理解数学理论和方法。

三、编写案例材料

编写高质量的案例材料需要考虑多方面因素,包括案例的背景信息、问题描述、数据资料和讨论提示等,确保材料能够有效支持教学目标的实现,并帮助学生在实际情境中理解和应用数学知识。

编写案例材料需要提供详细的背景信息。背景信息应当介绍案例的基本情况,包含相关的历史背景、现实情境和基本概念。对于高中数学而言,背景信息涉及数学问题的实际应用场景,如经济、物理、工程、统计等领域。详细的背景信息不仅能够帮助学生更好地理解案例的情境,还能够激发他们的学习兴趣和求知欲。

问题描述是编写案例材料的核心部分。问题描述应当明确具体,能够引导学生进行深入的分析和讨论。一个好的问题描述应当具备清晰的结构和明确的目标,避免模糊和含糊其辞。例如,在讲解函数时,可以设计一个关于经济学中的成本收益分析的案例,通过描述企业在不同生产条件下的成本和收益关系,引导学生建立函数模型,进行分析和计算。问题描述应当具有一定的挑战性和开放性,鼓励学生运用所学知识进行探索和创新,同时也应避免过于复杂,确保学生能够在教师的指导下有效解决问题。

数据资料是案例材料的重要组成部分,为学生进行分析和推理提供了基础。数据资料应当真实可靠,具有代表性和典型性,能够有效支持学生的分析和解决过程。在高中数学课程中,数据资料涉及各种类型的数据,如统计数据、实验数据、市场数据等。例如,在讲解概率统计时,可以提供一组市场调查数据,通过数据分析,学生可以推断出市场趋势和消费者行为。数据资料应当包括详细的数据说明和使用方法,确保学生能够正确理解和使用这些数据进行分析。

讨论提示是编写案例材料的重要环节,旨在引导学生从不同角度进行思考和讨论。讨论提示应当具有启发性和指导性,帮助学生全面理解和分析案例中的问题。教师可以设计一系列启发性问题,引导学生逐步深入地进行分析和讨论。例如,在讲解几何时,可以设计一个关于建筑设计的案例,通过一系列问题提示,如"如何优化建筑物的几何形状以提高结构稳定性?""如何计算建筑物的表面积和体积?"等,引导学生从多个维度进行思考和讨论。讨论提示应当具有一定的灵活性和开放性,鼓励学生运用创造性思维和综合能力解决问题。

编写案例材料时,还需考虑材料的可读性和可操作性。材料的语言应当简洁明了,避免使用过于专业和复杂的术语,确保学生能够轻松理解和使用材料进行学习和分析。案例材料应当结构清晰、层次分明,便于学生逐步深入地进行学习和探究。例如,在讲解线性代数时,可以设计一个关于线性规划的案例,通过分步骤地描述和引导,帮助学生逐步建立线性方程组模型,并进行求解和优化。材料的可读性和可操作性不仅能够提高学生的学习效率,还能够增强他们的学习体验和成就感。

教师在编写案例材料时,还应充分考虑学生的实际情况和学习需求。不同的学生在知识基础、学习能力和兴趣爱好等方面存在差异,因此,案例材料应具有一定的适应性和多样性。例如,对于基础较好的学生,可以设计一些具有挑战性的案例,鼓励他们进行深入的分析和创新;对于基础较弱的学生,可以设计一些基础性的案例,帮助他们巩固基本知识和技能。通过针对性的案例材料设计,教师可以满足不同学生的学习需求,促进他们的全面发展和进步。

编写案例材料还应注重与教学目标的紧密结合。材料的设计应当围绕教学目标展开,确保每一个环节和内容都能够有效支持目标的实现。

材料的创新性和前瞻性不仅能够激发学生的学习兴趣,还能够培养他们的创新意识和探索精神。

教师在编写案例材料时,还应注重材料的实践性和应用性。案例材料应当尽量与实际生活和社会问题相结合,通过具体的情境和数据,帮助学生将数学知识应用到实际问题中。例如,在讲解概率统计时,可以选择一些关于医学统计的案例,通过具体的数据分析和推断,帮助学生理解概率统计在公共卫生和医学研究中的重要作用。材料的实践性和应用性不仅能够增强学生的学习动机,还能够提高他们的实际操作能力和综合应用能力。

在编写案例材料时,还需注重材料的互动性和参与性。材料的设计应当鼓励学生进行小组合作和讨论交流,通过互动和协作,共同解决案例中的问题。例如,可以设计一些需要团队合作完成的任务,通过小组讨论和交流,引导学生分享各自的观点和思路,进行集体讨论和解决问题。材料的互动性和参与性不仅能够增强学生的团队合作精神,还能够培养他们的沟通能力和批判性思维。

编写案例材料还应考虑材料的评估和反馈机制。材料的设计应当包括明确的评估标准和反馈方法,通过科学合理的评估,检测学生的学习效果和目标达成情况。例如,可以设计一些评估任务和测验题目,通过案例报告、讨论表现、解决方案等多种形式,对学生的学习表现进行综合评估。同时,教师应提供及时和具体的反馈,帮助学生发现问题、总结经验、改进学习方法,进而提高学习效果和水平。

教师在编写案例材料时,还应注意材料的多样化和层次化。材料的设计应当涵盖不同的数学知识领域和问题类型,通过多样化的案例材料,帮助学生全面掌握数学知识和技能。例如,在讲解几何时,可以设计一些涉及平面几何、立体几何、解析几何等不同类型的案例,通过这些多样化的案例材料,学生可以全面理解几何概念和方法,提高综合应用能力。材料的层次化设计可以帮助学生在不同的学习阶段逐步提升能力,从基础到高级,循序渐进地掌握知识和技能。

教师在编写案例材料时,还应注重材料的灵活性和适应性。材料的设计应当具有一定的灵活性和适应性,能够根据实际教学情况进行调整和改进。例如,在实际教学过程中,教师可以根据学生的反馈和学习情况,适时调整案例材料的内容和难度,确保材料能够始终适应学生的学习需求和教学目标。材料的灵活性和适应性不仅能够提高教学的有效性,还能够增强学生的学习体验和成就感。

教师在编写案例材料时,还应注重材料的科技含量和现代化。材料的设计应当充分利用现代信息技术和教育资源,通过多媒体技术、互联网资源、数学软件等多种手段,提高材料的科技含量和现代化水平。例如,可以通过数学软件进行数据分析和模拟实验,通过互联网资源获取最新的数学研究成果和应用案例,通过多媒体技术展示数学问题的动态变化和解决过程。材料的科技含量和现代化不仅能够提高学生的学习兴趣和参与度,还能够培养他们的信息素养和科技能力。

编写案例材料是一个需要综合考虑多方面因素的复杂过程。教师在编写材料时,需要结合课程要求、学生需求、知识整合、教学资源等因素,科学合理地进行设计,确保材料的教育价值和教学效果。通过详细的准备和设计,教师可以为学生提供丰富的学习资源和实践机会,帮助他们在实际情境中锻炼和提升自己的能力。通过精心编写案例材料,教师不仅能够有效激发学生的学习兴趣和积极性,还能够提高教学的有效性和针对性,培养学生的综合素质和创新能力,为他们的全面发展和未来的学习与工作打下坚实的基础。

四、实施案例教学

实施案例教学需要精心的设计和组织,以保证教学目标的实现和学生学习效果的最大化。这个过程包括课堂导入、案例介绍、小组讨论、全班交流、教师指导和总结反思等多个环节,每一个环节都需要精心设计和有效管理,以确保教学的顺利进行和预期目标的达成。

实施案例教学首先需要一个有效的课堂导入环节。在这个环节,教师通过简洁有力的开场白,引起学生的注意和兴趣,为后续的案例教学做好铺垫。导入内容可以是一个与案例相关的故事、一个引人思考的问题或者一段与数学有关的短片,目的是激发学生的兴趣和好奇心,使他们积极参与到后续的学习活动中。例如,在讲授几何知识时,可以展示一些著名建筑的图片,引导学生思考这些建筑背后的几何原理,从而引入本节课的案例内容。

接下来是案例介绍环节。在这个环节,教师需要详细介绍案例的背景信息、问题描述和数据资料,确保学生能够充分理解案例的内容和问题情境。案例介绍应当结构清晰、语言简洁明了,避免使用过于复杂的专业术语。教师可以通过多媒体技术,如 PPT、视频等形式,生动形象地展示案例的关键要素,帮助学生更好地理解和分析案例。例如,在讲解概率统计时,教师可以展示一个市场调查案例,通过具体的数据图表和统计信息,引导学生理解和分析案例中的问题。

小组讨论是案例教学的重要环节。在这个环节,学生分成若干小组,对案例中的问题进行讨论和分析。小组讨论的目的是通过团队合作和集体智慧,深度剖析案例中的问题,提出可能的解决方案。教师在这个过程中应起到引导和支持的作用,通过提出有针对性的问题,激发学生的思考和讨论。例如,在讲解函数应用时,教师可以设计一个关于经济学中的成本收益分析的案例,通过一系列引导性问题,引导学生讨论不同函数关系对成本和收益的影响,寻找最优的解决方案。

全班交流是小组讨论的延续和深化。在全班交流环节,各小组汇报讨论结果,分享各自的观点和思路,并接受其他同学和教师的评议和反馈。全班交流的目的是通过集体讨论和互动,进一步深化学生对案例问题的理解和分析,促进不同观点的碰撞和融合。在全班交流中,教师应鼓励学生积极发言,尊重和包容不同的观点,并通过点评和补充,引导学生深入思考和探讨问题的本质。例如,在讲解几何问题时,教师可以通过全班交流,帮助学生总结不同几何图形的特征和性质,理解几何概念在实际应用中的重要性。

教师指导是实施案例教学的关键环节。在这个环节,教师通过观察和指导,帮助学生解决在案例分析和讨论过程中遇到的问题,提供必要的支持和帮助。教师应当善于倾听和观察,了解学生的思考过程和困难所在,并通过提问、提示和引导,帮助学生克服学习中的障碍,提高他们分析和解决问题的能力。例如,在讲解代数问题时,教师可以通过个别指导,帮助学生理解复杂的代数运算和方程求解过程,提供必要的解题思路和方法。

总结反思是案例教学的最后一个环节,也是最重要的环节之一。在这个环节,教师通过总结和反思,帮助学生回顾和梳理案例教学的全过程,提炼出有价值的经验和教训。总结反思不仅包括对案例问题的解决过程和结果的总结,还包括对学生学习态度、思维方式和合作能力的评价和反馈。在总结反思中,教师应鼓励学生积极参与,分享自己的学习体会和收获,并通过反思和交流,不断提高自己的学习能力和综合素质。

实施案例教学还需要有效的教学管理和组织。教师应根据学生的实际情况和教学目标,合理安排教学时间和环节,确保每一个环节都能够顺利进行和有序衔接。教师应善于运用多种教学手段和方法,如多媒体技术、互动教学、合作学习等,提高教学的生动性和趣味性,增强学生的参与感和体验感。例如,在讲解统计学时,教师可以通过数据分析软件和可视化工具,帮助学生直观地理解和分析统计数据,提高他们的数据处理和分析能力。

在实施案例教学过程中,教师还应注重培养学生的自主学习和创新能力。教师应鼓励学生在学习过程中主动思考和探索,通过自主学习和探究,解决案例中的问题。教师应提供必要的支持和资源,如参考资料、学习工具、技术支持等,帮助学生自主学习和创新。例如,在讲解几何建模时,教师可以鼓励学生通过自主学习和实验,设计和构建几何模型,并通过实际操作和验证,解决实际问题,提高他们的创新能力和实践能力。

教师还应注重学生的个性化发展和差异化教学。不同的学生在知识基础、学习能力和兴趣爱好等方面存在差异,教师应根据学生的实际情况,提供有针对性的指导和帮助,满足不同学生的学习需求。教师应善于发现和挖掘每个学生的潜力,通过个别指导和个性化教学,帮助学生充分发挥自己的优势和特长,提高他们的学习效果和自信心。例如,在讲解函数问题时,教师可以根据学生的不同学习水平,设计不同难度的学习任务和案例,提供个性化的指导和支持,帮助每个学生在自己的学习水平上取得进步。

在实施案例教学中,教师还应注重学生的团队合作和沟通能力的培养。通过小组讨论和全班交流,教师应鼓励学生积极参与团队合作,分享各自的观点和思路,进行集体讨论和解决问题。教师应提供必要的团队合作训练和沟通技巧指导,帮助学生提高团队合作和沟通能力。例如,在讲解概率统计时,教师可以设计一些需要团队合作完成的任务,通过小组讨论和交流,培养学生的团队合作精神和沟通能力,提高他们的集体协作和问题解决能力。教师还应注重教学评价和反馈的有效性。教师应通过科学合理的评价标准和方法,对学生的学习表现进行全面和公正的评价,并通过及时和具体的反馈,帮助学生发现问题、总结经验、改进学习方法,提高学习效果。教师应善于运用多种评价方式,如案例报告、讨论表现、解决方案等,对学生的学习效果进行综合评价,并提供建设性的反馈意见,帮助学生不断提高和进步。

教师还应注重教学反思和专业发展。教师应通过教学日志、反思笔记、教学研讨等方式,记录和分析案例教学中的优点和不足,思考改进的方法和策略,不断提升自己的教学水平和专业素质。教师应积极参加专业培训和学术交流,学习和借鉴新的教育理念和方法,不断提升自己的专业能力和教学水平,以更好地指导和实施案例教学。例如,教师可以通过参加数学教育研讨会,了解最新的案例教学方法和案例资源,通过与同行的交流,获取更多高质量的案例资源和教学方法,提高自己的专业能力和教学水平。

在高中数学课程中,实施案例教学是一个需要精心设计和有效组织的复杂过程。教师应根据学生的实际情况和教学目标,合理安排教学时间和环节,确保每一个环节都能够顺利进行和有序衔接。教师应为学生提供丰富的学习资源和实践机会,帮助他们在实际情境中锻炼和提升自己的能力。通过精心实施案例教学,教师不仅能够有效激发学生的学习兴趣和积极性,还能够提高教学的有效性和针对性,培养学生的综合素质和创新能力,为他们的全面发展和未来的学习与工作打下坚实的基础。

五、评估和反馈

评估和反馈不仅能够帮助教师了解学生的学习效果,还能指导学生改进学习方法,提升他们的数学素养和综合能力。一个有效的评估和反馈体系应当全面、科学、公正,能够客观反映学生的学习状况,并为他们提供有针对性的指导和帮助。

评估的首要任务是确定评估目标和标准。评估目标应当与教学目标相一致,覆盖学生在案例教学中需要掌握的知识点和技能点。评估标准应当具体、明确,能够反映出学生的实际表现和学习成效。高中数学课程中的评估目标可以包括理解和应用数学概念、解决实际问题的能力、逻辑推理和分析能力、团队合作和沟通能力等。通过明确的评估目标和标准,教师可以对学生的学习效果进行全面和公正的评价。

多样化的评估方式是确保评估全面性和有效性的关键。传统的纸笔测试可以评估学生对基本知识和概念的掌握情况,但在案例教学中,还需要采用多种评估方式,全面反映学生在实际应用中的表现。例如,案例报告和项目展示是评估学生分析和解决问题能力的有效方式。学生通过撰写案例报告,展示他们在案例分析中的思维过程和解决方案,教师通过评阅这些报告,可以了解学生的逻辑思维和创新能力。项目展示则可以通过口头汇报和实物展示,评估学生的表达能力和团队合作能力。课堂观察是评估学生学习过程和表现的重要手段。教师通过课堂观察,可以了解学生在案例教学中的参与度和积极性,观察他们在小组讨论和全班交流中的表现。通过观察学生的互动和交流,教师可以判断他们的沟通能力和合作精神,并及时提供指导和帮助。例如,在小组讨论中,教师可以观察学生是否积极参与讨论,是否能够提出有价值的见解,是否能够有效与他人合作解决问题。通过观察这些,教师可以获得第一手的评估信息,全面了解学生的学习状况。教师评估与自我评估相结合,是提高评估效果的有效策略。教师评估可以提供专业和客观的评价,帮助学生了解自己的学习效果和不足之处。自我评估则可以培养学生的自我反思和自我管理能力,帮助他们主动发现问题、改进学习方法。例如,教师可以设计一些自我评估工具,如学习日志、自评表等,指导学生记录和反思自己的学习过程和表现。通过自我评估,学生可以更好地认识自己的优点和不足,不断提升自己的学习能力。

及时和具体的反馈是评估过程中的重要环节。反馈应当具有针对性和指导性,能够帮助学生明确改进方向、提升学习效果。教师在反馈时,应具体指出学生的优点和不足,并提供改进建议。例如,在评阅案例报告时,教师可以具体指出学生在逻辑推理、数据分析、问题解决等方面的表现,肯定他们的优点,并指出需要改进的地方,提供具体的改进建议和方法。通过及时和具体的反馈,学生可以明确自己的进步和不足,积极改进学习方法,提高学习效果。反馈的方式应当多样化,能够满足不同学生的需求。口头反馈和书面反馈是最常见的反馈方式。口头反馈可以通过课堂交流、个别谈话、小组讨论等方式进行,具有即时性和互动性,能够及时解决学生的问题。书面反馈则可以通过评语、评估报告、反馈表等形式进行,具有系统性和持久性,学生可以反复阅读和参考。此外,教师还可以通过电子邮件、在线平台等方式提供反馈,方便学生随时查阅和咨询。例如,在评阅数学作业时,教师可以通过电子邮件向学生发送详细的评语和改进建议,帮助学生更好地理解和改进自己的作业。

差异化反馈是满足不同学生需求的重要策略。不同的学生在知识基础、学习能力、兴趣爱好等方面存在差异,教师应根据学生的实际情况,提供有针对性的反馈。例如,对于基础较好的学生,可以提供更高层次的反馈,鼓励他们进行更深入的思考和探索;对于基础较弱的学生,可以提供更具体和细致的指导,帮助他们巩固基本知识和技能。通过差异化反馈,教师可以满足不同学生的学习需求,促进他们的全面发展。

评估与反馈还应注重过程性评价与终结性评价相结合。过程性评价注重学生在学习过程中的表现和进步,终结性评价则注重学生在学习结束时的成果和水平。通过过程性评价,教师可以及时了解学生的学习动态,提供持续的指导和支持,帮助学生不断改进和提高。例如,教师可以通过课堂观察、阶段测验、学习日志等方式,对学生的学习过程进行评价,发现问题及时解决。通过终结性评价,教师可以全面总结学生的学习效果,评估教学目标的实现情况,为下一步教学提供依据。

评估和反馈的有效性还依赖于教师的专业素养和教学智慧。教师应具备丰富的数学知识和教学经验,能够科学合理地设计评估工具和反馈方式,提供专业和有针对性的指导和帮助。此外,教师还应具备良好的沟通和交流能力,能够与学生建立良好的师生关系,积极倾听学生的意见和建议,理解他们的学习需求和困难,帮助学生解决问题,提高他们的学习效果和自信心。评估和反馈的作用不仅在于提高学生的学习效果,还在于改进教师的教学方法和策略。通过评估和反馈,教师可以了解教学目标的实现情况,发现教学中的问题和不足,思考改进的方法和策略,不断提升自己的教学水平和专业能力。例如,教师可以通过分析学生的评估结果和反馈意见,反思自己的教学设计和实施过程,发现教学中的薄弱环节,改进教学内容和方法,提高教学的有效性和针对性。评估和反馈还应注重学生的全面发展和综合素质的培养。高中数学课程不仅要培养学生的数学知识和技能,还要培养他们的逻辑思维、问题解决、团队合作、创新能力等综合素质。评估和反馈应当全面反映学生的综合表现,帮助他们在各个方面取得进步。例如,在评估学生的案例报告时,教师不仅要关注他们的数学思维和解决问题的能力,还要关注他们的表达能力、团队合作精神和创新思维,帮助学生在各个方面取得平衡和全面的发展。

在高中数学课程中,评估和反馈是案例教学设计框架中的关键环节,贯穿整个教学过程的始终。教师应通过科学合理的评估方式和及时具体的反馈,全面了解学生的学习效果,提供有针对性的指导和帮助,促进学生的全面发展和进步。

六、持续改进与创新

通过持续改进与创新,教师可以不断提升教学质量和效果,满足学生日益变化的学习需求,提高他们的数学素养和综合能力。持续改进与创新涉及多个方面,包括教学方法的改进、教学资源的更新、教学技术的应用、教学评价的优化等,通过不断改进和创新,教师可以有效推动案例教学的发展和进步。

持续改进与创新首先体现在教学方法的不断优化和改进。教师需要根据学生的反馈和教学效果,及时调整和优化教学方法,确保每一次教学活动都能取得预期的效果。例如,在实施案例教学时,教师可以尝试不同的教学组织形式,如小组合作学习、项目式学习、探究式学习等,通过不同的教学组织形式,激发学生的学习兴趣和积极性,提高他们的参与度和学习效果。此外,教师还可以借鉴和引进新的教学理念和方法,如翻转课堂、混合式学习、基于问题的学习等,利用这些新的教学理念和方法,不断丰富和完善案例教学的内容和形式,提高教学的创新性和有效性。

持续改进与创新还体现在教学资源的不断更新和丰富。教师应积极利用现代信息技术和多媒体资源,不断更新和丰富教学资源,为学生提供更加丰富和多样的学习材料。例如,教师可以通过互联网、教育资源平台、数字图书馆等渠道,获取最新的数学研究成果和应用案例,及时将这些新的教学资源引入课堂,帮助学生了解数学在实际生活和科技发展中的应用。此外,教师还可以利用多媒体技术,如视频、动画、虚拟现实等,制作生动形象的教学课件和学习资源,提高学生的学习兴趣和参与度,帮助他们更好地理解和掌握数学知识。

教学技术的应用是持续改进与创新的重要方面。现代信息技术的发展为数学教学提供了新的工具和手段,教师应积极利用这些新技术,不断改进和创新教学方式。例如,教师可以利用教育软件和应用程序,设计和实施互动性强的教学活动,通过在线测验、实时反馈、虚拟实验等方式,提高教学的互动性和实效性。此外,教师还可以利用大数据和人工智能技术,分析学生的学习数据,了解他们的学习习惯和知识掌握情况,提供个性化的教学指导和支持,提高教学的针对性和有效性。通过应用教学技术,教师可以不断改进和创新教学方式,提高案例教学的质量和效果。

教学评价的优化是持续改进与创新的重要内容。科学合理的教学评价不仅能够全面反映学生的学习效果,还能够为教师的教学改进提供重要参考。教师应根据教学目标和学生的实际情况,不断优化和完善教学评价体系。例如,可以尝试多元化的评价方式,如自评与互评、过程性评价与终结性评价、定性评价与定量评价相结合,以多元化的评价方式,全面反映学生的学习过程和效果。此外,教师还可以利用信息技术,设计和实施在线评价系统,通过即时反馈和数据分析,及时了解学生的学习动态,提供有针对性的指导和帮助,提高教学评价的科学性和有效性。通过优化教学评价,教师可以不断改进和完善教学方法,提高教学的质量和效果。

持续改进与创新还体现在教师专业发展的不断提升。教师是教学活动的设计者和实施者,他们的专业素养和教学能力直接影响到教学的效果和质量。教师应不断学习和更新专业知识,提升自己的教学能力和专业水平。例如,可以通过参加专业培训、学术研讨会、教育论坛等,学习和借鉴最新的教育理念和教学方法,提升自己的专业素养和教学水平。此外,教师还可以通过教学反思和实践总结,不断改进和完善自己的教学方法,提高教学的创新性和实效性。不断提升教师专业发展,可以有效推动案例教学的持续改进和创新,提高教学的质量和效果。

在持续改进与创新的过程中,学生的参与和反馈也是至关重要的。教师应积极听取学生的意见和建议,了解他们的学习需求和困难,不断改进和完善教学方法。例如,可以通过问卷调查、课堂讨论、学习日志等方式,收集学生的反馈意见,了解他们对教学活动的看法和建议。通过这些反馈信息,教师可以发现教学中的问题和不足,及时调整和改进教学方法,提高教学的针对性和有效性。此外,教师还可以通过学生的参与,激发他们的学习兴趣和积极性,提高他们的学习主动性和创新能力。学生的参与和反馈可以有效推动案例教学的持续改进和创新,提高教学的质量和效果。

持续改进与创新还需要学校和教育机构的支持和推动。学校和教育机构应为教师提供必要的资源和支持,鼓励和推动教师进行教学创新和改进。例如,可以通过设立教学创新基金、提供专业发展机会、组织教学交流和研讨等方式,支持和推动教师进行教学改进和创新。此外,学校和教育机构还应为教师提供必要的技术支持和资源保障,如现代化的教学设备、丰富的教学资源、专业的技术支持等,帮助教师更好地进行教学改进和创新,提高教学的质量和效果。学校和教育机构的支持和推动,可以有效促进案例教学的持续改进和创新,提高教学的质量和效果。

持续改进与创新还应注重教学实践的总结和推广。教师在教学实践中应不断总结和反思,提炼出有效的教学方法和策略,通过教学反思和实践总结,提升自己的教学能力和专业水平。例如,可以通过撰写教学案例、发表教学论文、参加教学比赛等方式,总结和推广自己的教学经验和成果,分享和交流教学中的成功经验和有效做法,推动更多教师进行教学改进和创新。此外,学校和教育机构还应建立和完善教学经验交流和推广机制,以教学交流会、研讨会、教学示范课等形式,推动教师之间的交流和学习,共同探讨和研究教学改进和创新的方法和策略,提高教学的质量和效果。总结和推广教学实践,可以有效推动案例教学的持续改进和创新,提高教学的质量和效果。

持续改进与创新还应关注教学研究的深入和拓展。教师应在教学实践中积极进行教学研究,探讨和研究教学改进和创新的方法和策略,提升自己的教学能力和专业水平。例如,可以通过参与课题研究、撰写研究报告、发表研究论文等方式,深入研究案例教学中的问题和挑战,探讨解决问题的方法和策略,推动教学改进和创新,提高教学的质量和效果。此外,学校和教育机构还应鼓励和支持教师进行教学研究,为教师提供必要的研究资源和支持,通过教学研究的深入和拓展,有效推动案例教学的持续改进和创新,提高教学的质量和效果。

第三节　案例教学的执行过程

一、选择案例

选取的案例应当能够引发学生的兴趣,激发他们的思考和探索欲望,同时又能紧密联系数学知识点和实际应用。以下是关于选择案例的详细阐述。

在高中数学教学中,选择案例的第一步是明确教学目标和知识点。教师需要清楚地了解本次课程所要传授的核心概念和技能,例如函数的图像与性质、几何证明、概率统计等。通过明确的教学目标,教师可以更好地选择适合的案例类型。案例的选取不仅要涵盖所要讲授的数学知识,还应具备一定的复杂性和开放性,以培养学生的批判性思维和问题解决能力。接下来,教师需要从多种渠道搜集潜在的案例资源,可以从教科书、学术期刊、教育网站,甚至是日常生活中获取素材。例如,对于讲授概率统计的课程,教师可以选择生活中常见的随机现象作为案例,如体育比赛中的胜负预测等。这些实际案例不仅能使学生感受到数学的实用性,还能提高他们的学习兴趣。在搜集到足够的案例素材后,教师需要对案例进行筛选和评估。一个好的数学案例应该具备以下几个特点:首先,它应当具有挑战性,能够引导学生进行深入思考和探索;其次,它应该与学生的生活经验和兴趣爱好相关,能够引起他们的共鸣;此外,案例应具有多层次性,不同水平的学生都能从中受益。这种多层次的案例可以通过设置不同难度的问题或任务来实现,使每个学生都能在自己的水平上获得挑战和成长。在筛选案例的过程中,教师还需要考虑案例的结构和呈现方式。一个清晰、结构化的案例更容易被学生理解和接受。通过逐步引导和分解问题,学生能够一步步地理解和掌握证明过程。这样的案例不仅能够有效传授数学知识,还能培养学生的逻辑思维能力和严谨的数学态度。

为了进一步提高案例的教学效果,教师可以考虑将案例与其他教学资源结合使用。例如,可以利用多媒体技术,将抽象的数学概念形象化,通过动态演示帮助学生更直观地理解复杂的数学问题。此外,教师还可以设计一些互动环节,如小组讨论、角色扮演等,鼓励学生在合作中学习和成长。这种互动式的案例教学不仅能够增强学生的参与感,还能培养他们的团队合作和沟通能力。在确定了适合的案例之后,教师需要进行详细的教学设计。教学设计不仅包括案例的具体内容,还应包括教学步骤、时间安排、评价方式等。一个好的教学设计能够帮助教师在课堂上有条不紊地进行案例教学,确保每个环节都能够有效实施。例如,可以在课前布置预习任务,让学生提前了解案例的背景信息,在课堂上通过问题引导、讨论互动等方式,引导学生深入探讨案例中的数学问题。为了确保案例教学顺利进行,教师还需要准备一些辅助材料和工具。例如,可以准备一些相关的参考资料、练习题等,帮助学生更好地理解和掌握案例中的知识点。此外,教师还可以制作教学课件、视频等多媒体资源,以提高课堂的趣味性和吸引力。这些辅助材料和工具不仅能够丰富课堂教学内容,还能提高学生的学习效率和效果。在实施案例教学的过程中,教师需要注意灵活应对课堂上的各种情况。例如,在学生讨论过程中,教师应进行观察和倾听,了解学生的思维过程和遇到的问题,适时给予指导和帮助。同时,教师还应鼓励学生提出问题和挑战,激发他们的探究精神。这种灵活应对的能力不仅能够提高课堂教学的效果,还能培养学生独立思考和创新的能力。

案例教学的案例选取和实施是一个复杂而系统的过程,需要教师具备较高的专业素养和教学技能。通过精心选择和设计案例,教师不仅可以有效传授数学知识,还能激发学生的学习兴趣和思维能力,培养他们的综合素质和创新能力。在这个过程中,教师需要不断探索和总结经验,努力提高案例教学的质量和效果。

二、引入案例

有效的案例引入能够激发学生的好奇心,促使他们主动思考和探索,从而为后续的教学活动奠定良好的基础。以下是关于如何在高中数学课程中引入案例的详细阐述。引入案例的第一步是创建一个引人入胜的情境。情境的设置应该尽量贴近学生的生活经验或未来的实际应用,使他们感到所学知识的现实意义。例如,在讲解函数的应用时,可以设置一个与经济学相关的情境,讨论如何利用函数分析市场供需关系、预测价格变化等。通过这样的情境设置,学生能够感受到数学知识的实际价值,从而增强学习动力。在情境设置的基础上,教师可以通过提问的方式引导学生"进入"案例。例如,可以提出一些开放性的问题,激发学生的思考和讨论。对于函数的应用案例,可以提问:"如果你是一名市场分析师,如何利用数学方法预测商品价格的变化?"这样的提问不仅能够引导学生"进入"案例情境,还能激发他们的思维和讨论热情。

为了进一步吸引学生的注意力,教师可以利用多媒体技术展示案例的背景信息和相关数据。例如,可以使用图表、动画等形式,将抽象的数学概念形象化,帮助学生更直观地理解案例内容。在展示过程中,教师应注重与学生的互动,及时提问和回应,确保每个学生都能够积极地参与到案例的探讨中来。引入案例时,教师还需要注意语言的表达方式。语言应当简洁明了、生动有趣,避免使用过于专业或复杂的术语,以免增加学生的理解难度。例如,在讲解几何问题时,可以通过讲故事的方式介绍案例情境,使学生在轻松愉快的氛围中理解数学问题的背景和要求。这种生动的语言表达不仅能够吸引学生的注意力,还能提高他们的学习兴趣和参与度。在引入案例的过程中,教师应注重引导学生发现和分析问题。例如,在讲解概率统计时,可以通过一个实际的案例引导学生思考和讨论:"在一场篮球比赛中,如何利用概率知识预测某位球员的投篮命中率?"通过这样的引导,学生能够主动思考和分析案例中的数学问题,从而提高他们的逻辑思维和问题解决能力。此外,教师还可以通过设置小组讨论的形式来引入案例。将学生分成若干小组,每组负责一个特定的问题或任务,要求他们在规定时间内进行讨论并分享讨论结果。例如,在讲解函数的应用时,可以将学生分组来讨论不同类型函数的特点和应用场景,如线性函数、二次函数、指数函数等。通过小组讨论,学生不仅能够更深入地理解和掌握数学知识,还能培养他们的团队合作和沟通能力。在引入案例的过程中,教师应观察学生的反应。根据学生的反馈,适时调整教学策略和案例内容,确保每个学生都能够积极参与和理解。例如,如果发现学生对某个问题的理解存在困难,教师可以进一步解释或提供更多的例子来帮助他们克服困难。这种灵活应对的能力不仅能够提高案例教学的效果,还能培养学生的自主学习和探究精神。

引入案例的另一个关键是建立与课程内容的紧密联系。教师应明确案例与所学知识点的关系,帮助学生在实际情境中应用所学数学知识。为了增强案例的吸引力和趣味性,教师可以结合当前热点或学生感兴趣的话题进行案例设计。例如,可以结合人工智能、大数据等前沿科技领域,引入一些与数学相关的实际案例,激发学生的好奇心和探索欲望。例如,在讲解统计与概率时,可以引入人工智能算法在数据分析中的应用,通过实际案例展示数学知识在现代科技中的重要作用。这种与时俱进的案例设计不仅能够提高学生的学习兴趣,还能帮助他们了解数学知识的广泛应用前景。在引入案例的过程中,教师还可以设定一些开放性任务和问题,鼓励学生进行自主探究和研究。例如,可以设定一个实际问题,如"如何利用数学模型优化交通信号灯的设置",让学生自行查找资料,进行计算和分析,并在课堂上分享他们的研究成果。通过这样的自主探究活动,学生不仅能够更加深入地理解和掌握数学知识,还能培养他们的研究能力和创新思维。

总之,引入案例是案例教学中至关重要的一环。通过精心设计和灵活运用各种教学策略,教师能够有效地激发学生的学习兴趣和参与度,帮助他们在实际情境中应用所学数学知识,提高学习效果和综合素质。

三、分组讨论

分组讨论环节的设计和执行直接影响到教学效果,因此需要教师精心策划和灵活应对。以下是关于分组讨论在高中数学课程中执行过程的详细阐述。在开展分组讨论之前,教师需要对学生进行合理分组。分组方式可以根据学生的学习能力、兴趣爱好、性格特点等因素进行综合考虑,力求每组成员的能力和特点互补。例如,可以将数学基础较好的学生和基础较弱的学生分在同一组,这样可以促进组内互助学习,提高整体学习效果;也可以根据学生的兴趣爱好进行分组,让每组成员在讨论中找到共同的话题,增强参与的积极性。分组完成后,教师需要明确讨论的主题和任务。主题的选择应与本节课的教学目标和知识点紧密相关,同时具有一定的挑战性和开放性,能够引发学生的思考和讨论。例如,在讲解函数的性质时,可以设置一个任务,让各小组讨论不同类型函数的图像特征及其应用场景,并找出实际生活中的实例。通过设置这样的任务,学生能够在具体的讨论过程中深入理解函数的概念和应用。为了确保分组讨论顺利进行,教师需要为每组提供必要的讨论资料和工具。这些资料包括案例的背景信息、相关的数学公式、定理和辅助图形等。教师还可以提供一些讨论引导问题,帮助学生更好地展开讨论。例如,可以提问:"这个函数的图像在什么情况下会出现变化?""如何利用这些变化进行实际问题的解决?"通过提供这些引导问题,教师能够引导学生深入思考和探讨案例中的数学问题。在分组讨论过程中,教师的角色是引导和支持,而不是主导。教师应在各小组之间巡回,观察学生的讨论情况,及时给予指导和帮助。例如,当发现某组学生在讨论中遇到困难时,教师可以提供一些提示或建议,帮助他们克服困难继续讨论。当发现某组讨论偏离主题时,教师可以适时介入,引导他们回到正确的讨论轨道上来。同时,教师还应鼓励学生主动提问和发表意见,营造一个开放、积极的讨论氛围。为了提高分组讨论的有效性,教师可以设定一定的讨论时间和汇报机制。每组在规定时间内进行讨论,并在讨论结束后由小组代表向全班汇报讨论结果。汇报内容应包括问题的分析过程、解决方案及依据等。通过这样的汇报机制,学生不仅能够分享和交流各自的讨论成果,还能相互学习和借鉴,进一步深化对数学知识的理解和掌握。在汇报环节,教师应积极参与到学生的汇报和讨论中来,通过提问、点评等方式引导学生深入思考。例如,可以对某组的汇报结果提出质疑,鼓励其他学生进行补充或反驳,使学生在辩论中加深对问题的理解和认识。同时,教师还可以通过总结和点评,帮助学生梳理讨论中的关键点和难点,进一步提升学习效果。分组讨论结束后,教师可以通过一些形式对讨论效果进行评价和反馈。评价可以包括对学生参与度、讨论深度、解决问题的能力等方面的综合考量。通过这样的评价,教师不仅可以了解学生的学习情况,还可以为后续的教学提供参考和改进的依据。例如,对于表现突出的学生或小组,教师可以给予表扬和奖励,以激励学生的学习积极性和参与热情;对于存在不足的学生或小组,教师可以提供一些改进建议和指导,帮助他们在后续的学习中不断进步。为了巩固分组讨论的学习成果,教师可以在课后布置一些相关的练习和作业。这些练习和作业应与分组讨论的内容紧密相关,通过实践和应用进一步强化学生对知识的掌握。例如,在函数的教学中,可以布置一些与实际应用相关的题目,如利用函数模型进行数据分析和预测等。通过这样的课后练习,学生能够将课堂上学到的知识和技能运用于实际问题中,进一步提升学习效果。在分组讨论的过程中,教师应注重培养学生的团队合作和沟通能力。这不仅包括小组成员之间的合作,还包括小组之间的交流和分享。教师可以通过一些活动和任务设计,促进学生之间的互动和合作。例如,可以设置一些需要各组共同完成的任务,通过组间合作和交流,增强学生的团队意识和合作能力。通过这样的互动和合作,学生不仅能够提高学习效果,还能培养良好的团队精神和沟通能力。

四、拓展与应用

在这个过程中,教师需要设计丰富的拓展与应用活动,激发学生的学习兴趣,增强他们的数学素养和综合能力。以下是关于拓展与应用在高中数学课程中执行过程的详细阐述。

在案例教学中,教师可以通过设计与实际生活紧密相关的拓展活动,帮助学生将数学知识应用到现实中。例如,在讲解概率与统计的知识时,可以设计一个关于市场调查的案例,让学生模拟市场调查,收集数据并进行分析。通过这样的拓展活动,学生不仅能够加深对概率与统计知识的理解,还能学会如何在实际生活中运用这些知识进行问题分析和决策。这种实践性的拓展活动不仅能提高学生的学习兴趣,还能增强他们的实践能力和数据分析能力。在拓展与应用环节,教师还可以引导学生进行跨学科的综合应用。

数学作为一门基础学科,其知识和方法在许多领域都有广泛的应用。例如,在讲解几何知识时,可以设计一个建筑设计的案例,让学生运用几何知识进行建筑结构的设计和计算。通过这样的跨学科综合应用,学生不仅能够理解数学知识的广泛应用价值,还能培养综合运用能力和创新思维。这种跨学科的拓展活动能够激发学生的学习热情,提升他们的综合素质和创新能力。为了进一步增强学生的应用能力,教师可以设计一些探究性学习活动,引导学生自主探究和发现问题。例如,在讲解函数的知识时,可以设计一个关于自然现象的探究活动,让学生研究某种自然现象中的函数关系,进行数据收集和分析,并建立数学模型来进行解释和预测。通过这样的探究性学习活动,学生不仅能够深入理解函数的概念和应用,还能培养自主学习和科学探究能力。这种探究性学习活动能够引导学生在实际问题中发现和解决问题,提高他们的数学素养和创新能力。在拓展与应用环节,教师还可以设计竞赛活动来激发学生的学习兴趣和竞争意识。例如,可以组织数学建模竞赛,让学生组队参与,解决实际问题并建立数学模型来进行分析。通过这样的竞赛活动,学生不仅能够锻炼他们的团队合作和解决问题的能力,还能激发他们的创新思维和竞争意识。这种竞赛活动不仅能够提高学生的学习兴趣和积极性,还能增强他们的实践能力和综合素质。为了使拓展与应用活动更加丰富多样,教师可以利用现代科技手段进行辅助教学。例如,可以利用计算机软件进行数据分析和数学建模,让学生通过实践操作掌握数学知识的应用方法。通过这样的科技辅助教学,学生能够更加直观和高效地理解和应用数学知识,提高他们的学习效果和应用能力。这种科技辅助的拓展与应用活动能够增强学生的学习体验,提升他们的综合素质和创新能力。在拓展与应用环节,教师还可以引导学生进行项目式学习,让学生在实际项目中应用数学知识解决实际问题。例如,可以设计一个关于环境保护的项目,让学生进行数据收集和分析,研究环境问题并提出解决方案。通过这样的项目式学习,学生不仅能够学会在实际问题中应用数学知识,还能培养项目管理和解决问题的能力。这种项目式学习活动能够增强学生的学习体验,提高他们的综合素质和实践能力。在拓展与应用环节,教师还可以引导学生进行合作学习,通过小组合作解决和探究问题。例如,可以设计一个关于交通优化的案例,让学生通过小组合作进行交通流量的分析和优化方案的设计。通过这样的合作学习活动,学生不仅能够在实际问题中应用数学知识,还能培养他们的团队合作和沟通能力。这种合作学习活动能够增强学生的学习体验,提高综合素质和实践能力。在拓展与应用环节,教师还可以通过设计实践活动引导学生进行社会实践,让学生在社会实践中应用数学知识解决实际问题。例如,可以组织学生进行社区调查,收集和分析数据,研究社区问题并提出解决方案。通过这样的社会实践活动,学生不仅能够在实际问题中应用数学知识,还能培养社会责任感和实践能力。这种社会实践活动能够增强学生的学习体验,提高综合素质和实践能力。在拓展与应用环节,教师还可以通过设计创新活动引导学生进行创新思维的培养,让学生在创新活动中应用数学知识解决实际问题。例如,可以设计一个关于智能科技的创新活动,让学生通过数学建模和数据分析,研究智能科技的应用和发展趋势。通过这样的创新活动,学生不仅能够在实际问题中应用数学知识,还能培养创新思维和创造力。这种创新活动能够增强学生的学习体验,提高他们的综合素质和创新能力。在拓展与应用环节,教师还可以通过设计反思活动引导学生进行学习反思,让学生在反思中总结和巩固所学知识。例如,可以设计一个关于学习成果的反思活动,让学生通过回顾和总结,反思自己的学习过程和收获,并提出改进建议。通过这样的反思活动,学生不仅能够在实际问题中应用数学知识,还能培养反思能力和学习意识。这种反思活动能够增强学生的学习体验,提高他们的综合素质和实践能力。

拓展与应用在高中数学案例教学中的应用,不仅能够巩固学生所学知识,还能引导他们在实际问题中应用数学知识,提高解决实际问题的能力和创新思维。教师可以在拓展与应用中引导学生深入理解和掌握数学知识,提升学习效果和综合素质。这不仅对学生当前的数学学习有帮助,还能为他们的未来学习和发展奠定坚实的基础。

第四章 混合式教学策略

第一节 课程设计与资源整合

一、课程目标

（一）培养学生的数学思维能力，使学生具备较强的逻辑推理和抽象思维能力

学习高中数学课程不仅仅是为了掌握一些基本的数学知识和技能，更重要的是要培养学生的数学思维能力。这种能力包括逻辑推理能力和抽象思维能力，它们是学生在解决数学问题和应用数学知识时所必需的。

高中数学课程通过引入各种数学概念和方法，帮助学生建立起严谨的逻辑思维模式。学生在学习过程中需要通过分析、归纳、推理等方法，理解数学概念的本质和内在联系。他们需要学会将所学的数学知识进行系统化整合，并通过逻辑推理方法，从已知条件出发，推导出未知结论，从而培养出较强的逻辑推理能力。

高中数学课程也注重培养学生的抽象思维能力。数学作为一门抽象的学科，需要学生具备将具体问题抽象化、符号化的能力。学生在学习过程中需要学会将实际问题转化为数学语言，并运用数学方法进行分析和求解。这种抽象思维能力不仅可以帮助学生更好地理解数学概念，还能够训练他们面对复杂问题时进行抽象思考、总结规律的能力。

通过学习高中数学课程，学生将逐步培养出分析问题和解决问题的能力。他们不仅能够灵活运用所学的数学知识解决实际问题，还能够在面对新的问题时进行合理的思考和判断。这种数学思维能力的培养不仅对学生的学业成绩有着积极的影响，更能够提高他们的综合素养和创新能力，为他们未来的学习和发展打下坚实的基础。

（二）通过系统学习数学知识，增强学生的自学能力和自主学习意识

系统教授高中数学课程不仅仅是为了传授数学知识，更重要的是要培养学生

的自学能力和自主学习意识。通过系统学习数学知识,学生将逐步掌握自学的方法和技巧,提高自学效率,培养出良好的学习习惯。

高中数学课程的内容设置旨在引导学生主动思考和学习。学生在学习过程中将接触到一系列有机联系的数学知识,需要他们通过反复练习和思考,逐步掌握其中的规律和方法。这种学习方式促使学生在探索中学习,在实践中积累经验,从而培养出自主学习的意识和能力。

高中数学课程注重培养学生的问题解决能力。学生将会遇到各种各样的数学问题,需要他们通过自主思考和探索,找到解决问题的方法。在这个过程中,学生不仅能够提高解决问题的能力,还能够逐步培养出自学的技巧和策略,增强他们的自信心和学习动力。

此外,高中数学课程还通过布置课外作业和提供自主学习资源,鼓励学生进行额外的学习和探索。学生可以通过自主阅读教材、参考外部资源、组织小组讨论等方式,进一步巩固和拓展所学内容,培养出更深层次的自学能力和自主学习意识。

通过系统学习数学知识,学生不仅能够提高自学能力和自主学习意识,还能够在日常学习中养成良好的学习习惯。这种自主学习的模式不仅有助于学生在高中阶段取得优异的成绩,更能够为他们未来的学习和发展打下坚实的基础,培养出持续学习的习惯和能力。

(三)培养学生的合作精神和团队意识

在数学学习中,培养学生的合作精神和团队意识至关重要。数学是一门需要思维碰撞和合作探究的学科,而合作学习不仅可以促进学生之间的交流和互动,还可以提高学习效率,激发学生的学习兴趣,加深对数学知识的理解和掌握。

通过小组讨论和合作学习,学生可以相互启发,共同解决数学学习中的疑难问题。在小组讨论中,学生可以分享自己的思想和理解,借鉴他人的见解和方法,从而更全面地理解数学知识,找到更有效的解决方案。这种合作学习模式能够激发学生的学习兴趣,增强他们对数学学习的投入度和积极性。

合作学习可以提高学生的团队协作能力和沟通能力。在小组讨论中,学生需要相互交流和协作,共同制订学习计划,分工合作,解决学习中的问题。通过这样的合作过程,学生不仅能够学会与他人合作,还能够提高自己的沟通技巧和团队协作能力,培养出良好的团队意识和合作精神。

合作学习还可以促进学生的思维碰撞和创新思维。在小组讨论中,学生可以从不同的角度思考问题,分享各自的见解和想法,从而激发出更多的思维火花,产生更多的创新思路。这种思维碰撞不仅能够拓展学生的思维空间,还能够培养他们的创新意识和解决问题的能力。

(四)学习数学知识,提升学生的创新能力和实践能力

高中数学作为一门重要的学科,不仅仅是为了传授理论知识,更重要的是培养学生的创新能力和实践能力。在数学学习中,学生应当通过学习理论知识,掌握数学的基本原理和方法,但更重要的是要将这些知识应用到实际问题中去,通过解决问题的实践活动,培养自己的创新思维和实践能力。

高中数学课程注重培养学生的问题意识和解决问题的能力。通过数学学习,学生应当学会发现问题、分析问题,并勇于提出解决问题的方法和思路。在学习过程中,教师可以引导学生思考各种实际问题,并通过数学方法进行分析和解决,从而培养学生的创新意识和解决问题的能力。

高中数学课程强调知识的应用和实践。学生不仅要学习数学理论知识,还要学会将这些知识运用到实际问题中去,通过数学建模、数学实验等活动,提升自己的实践能力和创新能力。在实践活动中,学生需要动手操作,积极尝试各种解决方法,从而培养自己的动手能力和创造力。

高中数学课程还注重培养学生的综合素质。通过数学学习和实践活动,学生可以提高自己的逻辑思维能力、分析问题的能力、抽象思维能力等,从而全面提升自己的综合素质。这种综合素质不仅能够帮助学生在学习和工作中取得更好的成绩,还能够让他们在社会生活中更加自信和成功。

(五)培养学生的数学素养,使其具备终身学习的能力和意识

高中数学课程的目标之一是培养学生的数学素养,使其具备终身学习的能力和意识。这不仅是为了应对学习任务的挑战,更是为了让学生在未来的社会生活和职业发展中能够适应不断变化的环境,不断提升自己的知识和能力。

高中数学课程旨在帮助学生建立科学的数学观念。学生在学习过程中需要理解数学的本质和基本原理,掌握数学的基本概念和方法,形成正确的数学思维方式。这种科学的数学观念是学生终身学习的基础,能够帮助他们在未来的学习和工作中更好地理解和应用数学知识。

高中数学课程强调学生的学习态度和方法。学生需要养成严谨的学习态度,注重知识的积累和应用,善于思考和解决问题。他们需要学会合理安排时间,科学规划学习任务,培养自己的自主学习能力和自我管理能力。这种良好的学习态度和方法是学生终身学习的关键,能够帮助他们在面对各种学习和工作挑战时保持积极的心态和采取有效的行动。

高中数学课程还注重培养学生的综合素质和应用能力。学生需要通过数学学习,提高自己的逻辑思维能力、分析问题的能力、解决问题的能力等,培养自己的创新精神和实践能力。他们需要学会将数学知识应用到实际问题中去,通过数学建模、数学实验等活动,解决现实生活和工作中的各种问题。这种综合素质和应用能力是学生终身学习的重要保障,能够帮助他们在不同领域中发挥自己的潜力,实现个人价值和社会发展的目标。

(六)增强学生的数学应用能力,使其能够将数学知识与实际生活紧密结合

在高中数学课程中,注重增强学生的数学应用能力是至关重要的。数学不仅是一门抽象的学科,更是一种强大的工具,可以被应用到各个领域和实际生活中。因此,学生在学习数学的过程中,应该注重将所学的数学知识与实际生活紧密结合,通过解决实际问题来加深对数学的理解和应用。

学生需要通过实际生活中的案例来学习和理解数学知识。教师可以选择一些具有代表性的实际问题,引导学生运用所学的数学知识进行分析和解决。例如,在解决一道与日常生活相关的数学问题时,学生不仅需要掌握数学方法,还需要考虑问题的实际背景和条件,从而更好地理解和应用数学知识。

学生需要通过实践活动来提高数学应用能力。教师可以组织学生参与各种数学实践活动,如数学建模、数学竞赛等,让学生在实际操作中运用数学知识解决实际问题。通过这些实践活动,学生不仅可以增强自己的数学应用能力,还可以培养解决问题的能力和创新精神。

学生还可以通过与其他学科的交叉学习来增强数学应用能力。例如,学生可以将所学的数学知识应用到物理、化学等学科中去,解决跨学科的实际问题。通过与其他学科的交叉学习,学生不仅可以拓展自己的知识领域,还可以更好地理解和应用数学知识。

（七）培养学生的数学美感,使其能够欣赏数学的独特魅力

在高中数学教育中,培养学生的数学美感具有重要意义。数学不仅仅是一门严谨的科学,更是充满美感的艺术。通过对数学知识的学习,学生应当能够感受到数学所蕴含的独特魅力,包括其逻辑之美、对称之美和简洁之美。

数学之美体现在其严谨的逻辑和推理过程中。数学是一门追求严密逻辑的学科,其中的每一个定理、每一个公式都有其严谨的证明过程。学生通过学习数学,可以体会到其中的逻辑推理的美妙之处,感受到在数学的世界里,一切都是按照严格的规律运行的。

数学之美还体现在其简洁而精致的表达方式中。数学语言的简洁性是其独特之处之一,它能够用简单而优美的符号和公式来描述复杂的问题和关系。学生在学习数学的过程中,可以感受到数学语言的优雅之处,体会到其中蕴含的美感。

数学之美还体现在其对称性和几何形态中。在数学中,对称性是一种重要的美学原则,它体现在各种数学对象和图形之中,如对称的几何图形、对称的函数关系等。学生通过学习数学,可以发现其中的对称之美,感受到对称性带来的和谐和美妙。

培养学生的数学美感,可以激发他们对数学的热爱和兴趣,增强其学习的主动性和积极性。当学生能够欣赏数学所蕴含的美感时,他们会更加主动地投入到数学学习中,享受到其中的乐趣和成就感。因此,培养学生的数学美感不仅有助于提高他们的学习效果,还可以让他们在学习过程中感受到更多的愉悦和满足。

（八）提升学生的计算能力和数据处理能力

在高中数学课程中,提升学生的计算能力和数据处理能力至关重要。数学作为一门基础学科,其计算和数据处理能力不仅对学生的学习有着直接影响,而且在未来的学习和工作中也是必不可少的。

提升学生的计算能力是高中数学教育的基本任务之一。数学课程涉及大量的计算内容,包括基本的算术运算、代数方程的求解、函数的计算与分析等。学生需要通过不断的练习和实践,掌握科学的计算方法,提高计算的准确性和效率。这不仅需要学生具备良好的数学基础知识,还需要他们具备灵活运用各种数学工具的能力,如计算器、数学软件等。

提升学生的数据处理能力也是数学教育的重要目标之一。随着信息技术的发展,数据处理能力已经成为现代社会中不可或缺的技能。在高中数学课程中,学生需要学会收集、整理和分析各种数据,并能够利用数学方法对数据进行合理的处理和解释。这不仅有助于提高学生的科学素养,还能够为他们未来的学习和工作打下坚实的基础。

通过对数学问题的分析和解决,学生不仅能够提升自己的计算能力和数据处理能力,还能够培养逻辑思维和问题解决能力。同时,这也有助于激发学生对数学的兴趣和热爱,增强他们对数学学习的主动性和积极性。因此,提升学生的计算能力和数据处理能力不仅是数学教育的重要任务,也是培养学生综合素质的关键举措。

(九)通过学习数学知识,培养学生的批判性思维和科学精神

数学作为一门严谨的科学,不仅是一种工具,更是培养学生批判性思维和科学精神的重要途径。在数学的学习过程中,学生不仅仅被动接受知识,而且应该主动思考、质疑和探索。因此,数学教育不仅仅是教会学生如何解决数学问题,更重要的是培养他们的批判性思维和科学精神。

数学的学习过程需要学生具备批判性思维。学生在学习数学知识时,应该具备质疑和思考的能力,勇于挑战传统观念,对问题进行深入分析和探讨。这种批判性思维能力使学生不仅仅是机械地运用所学知识,更能够理解数学概念的本质和内在联系,从而提高问题解决的深度和广度。

数学的学习过程也是培养学生科学精神的重要途径。科学精神包括对事物客观规律的认识和探索精神,以及严谨的逻辑思维和实事求是的态度。在数学学习中,学生需要通过严密的推理和证明,探索数学问题的本质和规律。同时,数学知识的应用也需要学生具备科学的态度和方法,注重实证和验证,避免主观臆断和偏见。

通过学习数学知识,学生能够逐步培养批判性思维和科学精神。这种思维方式不仅有助于提高学生在数学领域的学习能力和解决问题的能力,也能够影响到

他们在其他学科和实际生活中的思维方式和态度。因此,数学教育应该注重培养学生的批判性思维和科学精神,为其综合素质和未来发展打下坚实基础。

(十)培养学生的时间管理能力和学习规划能力

在高中数学学习中,学生需要面对繁杂的课程内容和较大的学习压力,因此,培养学生的时间管理能力和学习规划能力至关重要。首先,学生应学会合理安排时间,科学规划学习任务。他们可以通过制订学习计划,将整个学习过程分解为小的阶段性目标,并设定合理的截止日期,以确保按时完成任务。其次,学生应学会根据自身情况和学习需求,合理安排每天的学习时间,将重点放在掌握重要知识点和解决难题上,避免在无效的学习上浪费过多时间。此外,学生还应学会合理分配学习资源,如参考书、习题集、网络资源等,以便更好地支持学习。

通过有效的时间管理和学习规划,学生不仅可以提高学习效率,更能够增强自己的自律能力和责任感。他们会逐渐养成良好的学习习惯,如按时完成作业、主动复习课堂知识、积极参加课外学习等。这些习惯将对他们未来的学习和生活产生深远的影响,使他们更具有竞争力和适应力。

值得注意的是,学校和家庭在培养学生的时间管理能力和学习规划能力方面起着重要的作用。学校可以通过组织学习方法指导、提供学习规划工具和资源等方式,帮助学生建立起良好的学习习惯。家庭则可以通过关心和引导,培养学生的自我管理能力和独立思考能力。综上所述,培养学生的时间管理能力和学习规划能力,不仅有助于提高他们的学习效率,更有助于他们的全面发展。

二、课程内容

课程内容的设计需要结合教材大纲和学生实际情况,确保内容的科学性、系统性和实用性。课程内容应涵盖以下几个方面。

(一)基础知识

1.基础知识的讲解在高中数学中的重要性

在高中数学课程中,基础知识的讲解是整个学习过程的核心和基础。基础知识包括数学定理、公式和基本概念,它们构成了学生理解和解决复杂数学问题的根基。通过讲解和学习,学生能够掌握必要的数学工具,提升解决问题的能力。

数学定理的讲解至关重要。这些定理不仅提供了数学问题的解决途径,还帮助学生理解数学的逻辑结构。例如,勾股定理、代数基本定理、几何定理等都是高中数学的重要组成部分。教师详细讲解这些定理的推导过程和应用实例,使学生不仅能够理解其内在逻辑,还能掌握运用这些定理解决实际问题的技巧。教师在讲解时应结合实际案例,使学生在具体情境中理解和应用这些定理,从而加深对定理的掌握和应用能力的提升。

数学公式是高中数学中的重要组成部分,它们是解决数学问题的快捷工具。数学公式的学习和记忆是学生在解题过程中提高效率的关键。公式的推导和应用需要结合具体的例题进行讲解,例如,二次方程的求解公式、三角函数公式、数列求和公式等。通过讲解和演练具体例题,学生可以掌握公式的使用方法和注意事项。教师在教学过程中应注重引导学生理解公式的推导过程和应用范围,避免死记硬背。此外,结合实际问题进行练习,使学生在具体问题中体会公式的实际应用,增强他们的理解和记忆。

基本概念的讲解是学生理解数学问题的前提条件。基本概念包括数的概念、函数的概念、几何图形的概念等。这些概念构成了数学知识体系的基础,是学生进行数学思维的起点。通过教师深入讲解基本概念,学生能够建立起对数学问题的正确认知。例如,函数概念的理解是高中数学的重要内容,学生需要掌握函数的定义、性质和图像。通过分析具体的例子和图像,学生可以直观地理解函数的变化规律和特点。教师在讲解基本概念时,应注重引导学生进行自主思考和探索,培养他们的数学思维能力和逻辑推理能力。通过互动教学和讨论,学生在交流中加深了对基本概念的理解,从而更好地应用这些概念解决实际问题。

2. 数学定理的讲解与应用

在高中数学的教学过程中,数学定理的讲解和应用是基础知识的重要组成部分。这些定理不仅是数学理论的核心内容,还为学生解决复杂数学问题提供了有效的方法和工具。通过教师系统讲解数学定理,学生能够理解其推导过程和应用方法,进而掌握数学问题的解决技巧。例如,勾股定理作为几何学中的重要定理,其应用范围非常广泛。在讲解勾股定理时,教师可以结合具体的几何问题,通过实际案例展示定理的推导过程和应用场景。通过直观的图形和详细的解题步骤,学生能够更好地理解定理的内涵和使用方法,从而在解决几何问题时得心应手。此外,教师可以引导学生进行定理的拓展应用,如在空间几何中的应用,进一步加深学生对定理的理解和掌握。

除了几何定理,代数定理在高中数学中同样占据重要地位。例如,代数基本定理是解决代数方程的重要工具。通过教师对代数基本定理的深入讲解,学生能够理解其推导过程和应用方法,从而掌握求解代数方程的技巧。教师在讲解代数基本定理时,可以结合具体的代数方程,通过详细的解题步骤展示定理的应用过程。通过反复练习和巩固,学生能够熟练掌握代数基本定理的使用方法,提升解题效率和准确性。此外,教师还可以引导学生进行代数定理的拓展应用,如在复数领域中的应用,使学生在更广泛的数学问题中灵活运用所学知识。

数学定理的讲解不仅要注重其推导过程和应用方法,还应结合实际问题进行案例分析。通过具体的实际问题,学生能够在真实情境中理解和应用数学定理,增强其数学思维能力和解决问题的能力。例如,教师可以结合物理学中的运动问题,通过对速度、加速度等物理量的计算,展示数学定理在实际问题中的应用。通过具体的案例分析,学生能够更好地理解数学定理的实际意义和应用价值,进而提高学习的兴趣和动力。教师在讲解过程中应注重引导学生进行自主思考和探索,培养他们的数学思维能力和逻辑推理能力。

3. 数学公式的推导与记忆

数学公式是高中数学的重要组成部分,它们是解决数学问题的快捷工具。通过教师对数学公式的系统讲解和练习,学生能够掌握必要的解题技巧,提高解题效率和准确性。数学公式的学习和记忆是学生在解题过程中提高效率的关键。公式的推导和应用需要结合具体的例题进行讲解,例如,二次方程的求解公式、三角函数公式、数列求和公式等。通过教师对具体例题的讲解和演练,学生可以掌握公式的使用方法和注意事项。教师在教学过程中应注重引导学生理解公式的推导过程和应用范围,避免死记硬背。此外,结合实际问题进行练习,使学生在具体问题中体会公式的实际应用,增强他们的理解和记忆。

在讲解数学公式时,教师应注重其推导过程和应用方法。通过对公式推导过程的详细讲解,学生能够理解公式的内在逻辑和数学原理,从而更好地掌握公式的使用方法。例如,二次方程求解公式的推导过程较为复杂,但通过详细的推导步骤和例题演示,学生能够逐步理解公式的来龙去脉,从而熟练掌握其应用方法。教师在讲解公式推导时,可以结合具体的例题,通过详细的解题步骤展示公式的应用过程,使学生在实际问题中掌握公式的使用技巧。

此外,数学公式的记忆是学生在解题过程中提高效率的关键。通过反复练习和巩固,学生能够熟练掌握常用的数学公式,从而在解题时迅速调用这些工具。教师在教学过程中可以通过多种方式帮助学生记忆数学公式,如编写口诀、制作记忆卡片等方式,增强学生的记忆效果。此外,结合实际问题进行练习,使学生在具体问题中体会公式的实际应用,增强他们的理解和记忆。通过不断的练习和巩固,学生能够熟练掌握常用的数学公式,提高解题效率和准确性。

(二)应用实践

1. 实际问题与案例分析在数学教学中的重要性

实际问题和案例分析在数学教学中具有重要作用。通过将数学知识应用于实际问题,学生能够更好地理解抽象的数学概念和理论,并学会如何在现实生活中运用这些知识解决问题。这种教学方法不仅能够增强学生的学习兴趣,还能提高他们分析和解决问题的能力。在实际问题和案例分析的过程中,学生能够体会到数学的实用价值,从而激发他们对数学学习的热情和动力。例如,在讲解函数的概念时,教师可以通过实际问题,如经济学中的供求关系、物理学中的运动轨迹等,帮助学生理解函数的应用场景和意义。通过具体案例的分析,学生能够直观地看到数学知识如何在不同领域中发挥作用,从而加深对数学知识的理解和掌握。

2. 数学知识在实际问题中的应用

在数学教学过程中,通过实际问题和案例分析,学生能够将所学知识与现实生活紧密结合。数学不仅是一门理论学科,更是一种解决问题的工具。教师可以通过设计各种实际问题和案例,引导学生应用数学知识解决这些问题。例如,在讲解几何知识时,教师可以通过建筑设计、工程测量等实际案例,展示几何知识的应用。学生在分析和解决这些实际问题的过程中,不仅能够巩固所学的几何知识,还能提高空间思维能力和逻辑推理能力。此外,教师还可以通过数学建模的方式,引导学生将现实问题转化为数学问题,通过数学方法进行分析和解决。通过这种方式,学生能够体会到数学的广泛应用,从而增强他们的学习兴趣和动力。

在实际问题和案例分析中,教师应注重引导学生进行独立思考和探究。通过提出开放性问题和引导性问题,鼓励学生进行自主思考和探究,培养他们的创新思维和问题解决能力。例如,在讲解概率统计知识时,教师可以通过实际案例,如市场调查、医学实验等,引导学生进行数据分析和概率计算。学生在分析和解决这些实际问题的过程中,能够掌握概率统计的基本方法和技巧,提升他们的数据处理能力和分析能力。此外,教师还可以通过小组讨论和合作探究的方式,鼓励学生进行团队合作和交流分享,增强他们的团队合作能力和沟通能力。在这种互动和合作的过程中,学生能够相互启发、共同进步,从而提高学习效果和质量。

3. 案例分析在数学教学中的应用

案例分析是数学教学中常用的一种教学方法。通过具体案例的分析,学生能够在实际问题中应用所学知识,提升综合素质和能力。例如,在讲解统计知识时,教师可以通过具体的案例,如人口普查、市场调查等,引导学生进行数据收集、整理和分析。通过具体案例的分析,学生能够掌握统计方法和技巧,提高他们的数据处理能力和分析能力。此外,教师还可以通过历史上的著名数学案例,如牛顿和莱布尼茨的微积分发展史,引导学生了解数学知识的历史背景和发展过程。通过分析这些案例,学生能够加深对数学知识的理解,增强数学素养和科学精神。

在案例分析中,教师应注重引导学生进行系统思考和综合分析。提出引导性问题和设定分析框架,帮助学生进行系统的分析和思考。例如,在讲解线性代数知识时,教师可以通过实际案例,如经济学中的投入产出分析、物理学中的力学分析等,引导学生进行系统的分析和解决。通过分析具体案例,学生能够掌握线性代数的方法和技巧,提高他们的系统思考能力和综合分析能力。此外,教师还可以通过设计综合性问题和项目,引导学生进行跨学科的综合分析和解决。例如,通过设计一个城市交通规划项目,学生可以将数学知识与地理、工程、经济等学科知识结合起来,进行综合分析和解决。通过这种跨学科的综合分析和解决,学生能够提升他们的综合素质和能力,增强他们的创新思维和实践能力。

4. 数学实践活动的实施

在实际问题和案例分析的教学中,教师应注重实践活动的设计和实施。通过各种数学实践活动,学生能够在实际操作中应用所学知识,提升他们的实践能力和动手能力。例如,教师可以设计各种数学实验和项目,引导学生进行实际操作和实践活动。在这些实践活动中,学生可以通过实际操作,体会到数学知识的应用价值,增强他们的实践能力和动手能力。此外,教师还可以组织各种数学竞赛和活动,激发学生的学习兴趣和动力。例如,通过组织数学建模竞赛、数学知识竞赛等活动,学生可以在竞赛中展示他们的数学知识和能力,提升他们的学习兴趣和动力。

在数学实践活动中,教师应注重引导学生进行自主探究和创新。通过设计开放性问题和探究性问题,鼓励学生进行自主探究和创新。例如,通过设计一个实际问题,引导学生进行自主探究和创新,提出解决方案和方法。学生在自主探究和创新的过程中,能够培养创新思维和问题解决能力。此外,教师还可以通过组织各种数学研究和课题,引导学生进行深入的研究和探究。例如,设计一个数学研究课题,引导学生进行深入的研究和探究,提出研究问题和解决方案。学生在深入的研究和探究中,能够培养研究能力和创新能力,提升综合素质和能力。

(三)拓展内容

1. 提供多样化的学习资源以满足不同层次学生的需求

在当今教育体系中,学生的学习能力和兴趣各不相同,传统的"一刀切"式教学方法已经难以适应这种多样化的需求。因此,提供多样化的学习资源显得尤为重要。通过创建多层次、多形式的学习资源,教师可以更好地满足不同层次学生的需求,促进他们全面发展。

对于基础薄弱的学生,可以提供更为详细的基础知识讲解和练习题,帮助他们夯实基础知识。例如,教师可以利用视频教程、图文并茂的教材以及基础题库,帮助这些学生逐步理解和掌握核心概念。同时,教师还可以安排小组辅导或一对一辅导,针对性地解决学生在学习过程中遇到的难点和疑问,提升他们的学习信心和兴趣。

对于学有余力的学生,则可以提供更多的拓展性学习资源,以激发他们的学习潜能。通过增加难度较高的挑战性问题、提供更多的实际应用案例及安排数学竞赛等方式,这些学生能够在更高层次的学习中获得满足感和成就感。例如,教师可以设计一些开放性问题和研究课题,引导学生进行深入的探究和思考。通过这种方式,学生不仅能够扩展知识面,还能够培养创新思维和独立解决问题的能力。此外,学校可以建立数学兴趣小组或社团,组织学生参与各种数学活动和竞赛,激发他们的学习热情和动力。

在教学资源的多样化方面,教师可以利用现代信息技术,创建数字化的学习平台和资源库。通过在线学习平台,学生可以根据自己的学习进度和兴趣,自主选择和使用各种学习资源。例如,教师可以在平台上上传课程视频、电子教材、在线练习题及模拟测试等,方便学生随时随地进行学习和复习。除此之外,教师还可以利用大数据和人工智能技术,分析学生的学习情况和需求,提供个性化的学习建议和资源推荐。这样,学生可以在教师的指导下,根据自己的学习特点和需求,制订合理的学习计划,提高学习效果和效率。

为了更好地满足不同层次学生的学习需求,教师还应注重培养学生的自主学习能力和学习习惯。通过引导学生制订个人学习计划,鼓励他们进行自主学习和探索,学生可以逐步养成良好的学习习惯,提高自我管理和自我调控能力。例如,教师可以指导学生制订详细的学习目标和计划,定期进行自我评估和反思,及时调整学习策略。同时,教师还可以组织学生进行合作学习和交流分享,促进学生之间的相互学习和共同进步。通过这种方式,学生不仅能够提高自己的学习能力,还能够培养合作精神和团队意识,为未来的学习和工作打下坚实基础。

在提供多样化学习资源的过程中,教师还应注重家校合作,共同促进学生的学习和发展。通过定期家校沟通,了解学生在家中的学习情况和需求,教师可以更有针对性地提供学习资源和指导。同时,家长也可以积极参与到学生的学习过程中,提供必要的学习支持和鼓励。例如,家长可以和学生一起制订学习计划,监督学生的学习进度,帮助学生解决学习中的难题。通过家校合作,学生可以在学校和家庭的共同支持下,获得更好的学习体验和成长发展。

2. 运用多种教学方法和策略以适应不同层次学生的学习

为了更好地适应不同层次学生的学习需求,教师应运用多种教学方法和策略。传统的讲授法虽然在某些情况下仍然有效,但仅依靠这种单一的教学方式,往往难以满足所有学生的需求。通过引入互动教学、小组合作学习、探究式学习及翻转课堂等多种教学方法,教师可以更加灵活地应对不同层次学生的学习需求。例如,在进行新知识的讲解时,教师可以采用互动式教学方法,通过提问、讨论和小组活动等方式,调动学生的参与积极性,增强他们对知识的理解和记忆。

对于基础较好的学生,教师可以设计更多的探究性学习任务,引导他们进行自主探究和深度学习。通过设计开放性问题和实际应用案例,教师可以激发学生的学习兴趣和创新思维,培养他们独立解决问题的能力。例如,在学习几何知识时,教师可以设计建筑设计项目,引导学生应用几何知识进行实际问题的分析和解决。学生在自主探究和解决问题的过程中,不仅能够加深对知识的理解,还能够提高他们的实践能力和创新能力。

在课堂教学中,教师还可以运用现代信息技术,提升教学的效果和效率。例如,通过使用多媒体教学工具,教师可以将抽象的数学概念和知识形象化,帮助学生更好地理解和掌握。同时,教师还可以利用在线学习平台和数字化资源库,提供丰富的学习资源和个性化的学习建议,方便学生自主选择和使用。学生可以根据自己的学习需求和进度,自主安排学习任务,提升学习效果和效率。

3. 强化学习资源的多样化和层次化以满足学生的多样化需求

为了更好地满足学生的多样化需求,教师应注重学习资源的多样化和层次化建设。在学习资源的设计和选择过程中,教师应考虑到学生的不同层次和需求,提供适合不同学生的学习资源。例如,对于基础薄弱的学生,教师可以提供基础知识练习题,帮助他们逐步理解和掌握核心概念;对于学有余力的学生,教师可以提供拓展性学习资源,如难度较高的挑战性问题、实际应用案例和研究课题等,激发他们的学习潜能和兴趣。

在学习资源的形式方面,教师应注重多样化设计,提供丰富的学习资源和形式。例如,教师可以制作视频教程、电子教材、在线练习题和模拟测试等多种形式的学习资源,方便学生根据自己的学习需求和喜好进行选择和使用。同时,教师还可以利用现代信息技术,创建数字化的学习平台和资源库,提供更多的学习资源和个性化的学习建议。通过这种方式,学生可以在教师的指导下,根据自己的学习特点和需求,制订合理的学习计划,提高学习效果和效率。

为了更好地满足不同层次学生的学习需求,教师还应注重学习资源的更新和优化。通过定期更新和优化学习资源,教师可以根据学生的学习情况和需求,不断调整和改进教学内容和方法,提供更加适合学生的学习资源和指导。例如,教师可以通过收集和分析学生的学习反馈和成绩数据,了解学生的学习情况和需求,及时调整和优化学习资源和教学方法。教师还可以通过参加专业培训和交流,学习和借鉴先进的教学经验和方法,不断提升自身的教学水平和能力。

4. 注重学生自主学习能力的培养

在多样化学习资源的建设过程中,教师应注重学生自主学习能力的培养。通过引导学生制订个人学习计划,鼓励他们进行自主学习和探索,学生可以逐步养成良好的学习习惯,提高自我管理和自我调控能力。例如,教师可以指导学生制订详细的学习目标和计划,定期进行自我评估和反思,及时调整学习策略。同时,教师还可以组织学生进行合作学习和交流分享,促进学生之间的相互学习和共同进步。通过这种方式,学生不仅能够提高自己的学习能力,还能够培养合作精神和团队意识,为未来的学习和工作打下坚实基础。

在培养学生自主学习能力的过程中,教师还应注重指导和培养学习方法。通过教授科学的学习方法和策略,教师可以帮助学生提高学习效率和效果。例如,教师可以通过讲解如何进行有效的时间管理、如何制订科学的学习计划和如何进行高效的学习笔记等,帮助学生掌握科学的学习方法和技巧。教师还可以通过提供学习资源和工具,帮助学生进行自主学习和探索。通过这种方式,学生可以在教师的指导下,逐步养成良好的学习习惯和自主学习能力,提高学习效果和效率。

为了更好地培养学生的自主学习能力,教师还应注重学习资源的个性化设计和提供。通过分析学生的学习情况和需求,教师可以提供个性化的学习资源和指导,帮助学生进行自主学习和探索。例如,教师可以根据学生的学习特点和需求,提供个性化的学习建议和资源推荐,帮助学生制订合理的学习计划和目标。同时,教师还可以通过在线学习平台和数字化资源库,提供丰富的学习资源和个性化的学习建议,方便学生根据自己的学习需求和进度进行选择和使用。

5. 加强家校合作,共同促进学生的学习和发展

在提供多样化学习资源的过程中,教师应注重家校合作,共同促进学生的学习和发展。家庭教育与学校教育相辅相成,只有通过紧密的家校合作,才能更全面

地了解和支持学生的学习需求和成长过程。教师应建立有效的沟通渠道,定期与家长交流学生的学习情况和进展。通过家长会、家长信、电话沟通和在线交流等方式,教师可以及时向家长反馈学生的学习状态,了解学生在家中的学习情况,并共同讨论和制定改进措施。家长也可以向教师提供宝贵的意见和建议,帮助教师更好地了解学生的个性和需求,从而提供更有针对性的指导和支持。

此外,教师应鼓励家长积极参与学生的学习过程,营造良好的家庭学习环境。家长在学生的学习过程中扮演着重要的角色,他们的支持和鼓励可以极大地增强学生的学习动机和信心。例如,家长可以与学生一起制订学习计划和目标,监督学生的学习进度,帮助他们解决学习中的难题。家长还可以与学生一起探讨和分享学习经验,激发他们的学习兴趣和热情。通过家长的积极参与,学生可以在家庭中获得更多的学习支持和资源,从而提高学习效果和效率。

为了更好地促进学生的学习和发展,教师还可以组织和开展家校合作活动,增强家长与学校之间的联系和互动。例如,教师可以定期组织家长开放日、家长座谈会、家庭教育讲座等活动,邀请家长参与学校的教育教学活动,与教师共同探讨教育问题和策略。通过这些活动,家长可以更好地了解学校的教育理念和教学方法,与教师建立更加紧密的合作关系,共同促进学生的学习和成长。此外,教师还可以组织家长志愿者团队,邀请家长参与学校的各类活动和项目,如辅导学生学习、组织课外活动等。通过这种方式,家长可以更加深入地参与到学生的学习和生活中,发挥他们的优势,共同促进学生的全面发展。

在家校合作的过程中,教师还应注重对家长的教育指导和支持,帮助他们提高家庭教育的质量和效果。教师可以通过举办家庭教育讲座、提供家庭教育资料和资源、组织家长学习小组等方式,向家长传授科学的教育方法和理念,帮助他们更好地支持和指导学生的学习和成长。例如,教师可以向家长介绍如何进行有效的学习辅导、如何培养学生的良好学习习惯、如何与学生进行有效的沟通和交流等。通过对家长的教育指导和支持,家长可以更好地理解和掌握科学的家庭教育方法和策略,为学生提供更加全面和有效的学习支持。

在加强家校合作的过程中,教师还应注重尊重和理解家长的意见和建议,建立平等、互信的合作关系。家长是学生最重要的教育伙伴,他们对学生的了解和关心是教师不可替代的。因此,教师应尊重家长的教育权利和意见,积极听取他们的建议和反馈,共同探讨和解决教育中的问题和挑战。例如,在制订学生的学习计划和目标时,教师应充分考虑家长的意见和建议,与家长共同制订合理的计划和目标。同时,教师还应及时向家长反馈学生的学习进展和问题,听取家长的意见和建议,共同寻找解决方案。通过这种平等、互信的合作关系,教师和家长可以共同为学生的学习和发展提供更加全面和有效的支持。

三、教学方法

混合式教学作为一种将传统课堂教学与现代在线学习相结合的教学模式,旨在优化教育资源、提升教学效果。为了实现这一目标,混合式教学需要综合利用多种教学手段和策略,包括传统课堂教学、在线学习、小组讨论与合作学习等。

(一)传统课堂教学

传统课堂教学是教育的核心环节,通过面对面的讲解和互动,确保基础知识的传授和即时答疑。传统课堂教学有以下几个方面的优势和应用。

1. 基础知识传授

传统课堂教学的核心任务是基础知识的传授。教师通过板书、投影仪和实物展示等多种方式,系统地讲解教材内容,确保学生对所学知识有全面而深入的理解。这种教学方式不仅能够准确传递知识点,还能帮助学生形成系统的知识结构。通过教师的详细讲解,学生能够逐步掌握数学定理、公式和基本概念,理解其内在逻辑和应用方法。在课堂上,教师可以通过具体的实例和生动的演示,帮助学生更直观地理解抽象的数学概念。此外,教师的讲解可以及时解答学生的疑问,纠正他们的错误理解,确保准确掌握知识点。同时,传统课堂教学提供了一个互动的平台,教师可以通过提问、讨论等方式,了解学生的学习情况,调整教学节奏,增强教学效果。这种面对面的教学形式有助于培养学生的逻辑思维能力和问题解决能力,为他们进一步的学习打下坚实的基础。总之,传统课堂教学在基础知识的传授中发挥着不可替代的作用,帮助学生全面、系统地掌握所学内容,形成科学的知识体系。

2. 即时答疑和互动

传统课堂教学的另一大优势是能够实现即时答疑和互动。教师在课堂上可以随时观察学生的反应,通过提问、讨论等方式了解学生的掌握情况,并及时解答他们的疑问。这种互动方式能够迅速发现和解决学生在学习过程中遇到的问题,确保他们对知识点的理解和记忆更加深入。即时答疑不仅能够帮助学生澄清概念、纠正误解,还能激发他们的学习兴趣和积极性。在课堂上,教师通过与学生的互动,可以促进他们思维的活跃,使他们更主动地参与到学习过程中。例如,在讲解复杂的数学概念时,教师可以通过提问的方式,引导学生思考,从而加深他们对知识的理解。同时,讨论和互动可以让学生在互相交流中获得新的思路和启示,增强他们的团队协作能力和沟通能力。这种互动性教学能够营造出一种积极的学习氛围,鼓励学生勇于提问、敢于发表自己的见解,从而培养他们的独立思考能力和批判性思维。总之,传统课堂教学中的即时答疑和互动是增强学生理解和记忆的重要手段,有助于学生全面、深刻地掌握所学知识,为他们的进一步学习奠定坚实的基础。

3. 课堂管理和纪律维护

传统课堂教学中,教师能够直接管理课堂,维护课堂纪律,确保教学活动顺利进行。通过有效的课堂管理,教师可以营造良好的学习氛围,增强学生的学习积极性和集中注意力。教师通过明确的课堂规则和管理策略,可以预防和及时处理课堂上的不良行为,保证每一堂课都能有序进行。例如,教师可以通过设立明确的课堂行为规范,如禁止随意讲话、保持课堂安静等,来维持课堂秩序。此外,教师还可以运用激励措施,如表扬和奖励表现优秀的学生,来鼓励其他学生遵守纪律、积极参与课堂活动。

在传统课堂上,教师能够实时监控学生的行为表现,及时纠正不符合课堂纪律的行为。通过眼神接触、提问等方式,教师可以随时了解学生的状态,确保他们的注意力集中在课堂内容上。如果发现学生分心或扰乱课堂,教师可以迅速做出反应,采取适当的措施加以引导和纠正。同时,教师通过合理的教学设计和活动安排,如小组讨论、课堂演示等,可以让学生在参与中学会自律,逐渐养成良好的学习习惯。

有效的课堂管理不仅有助于维持良好的课堂秩序,还能促进师生之间的良好互动,增强学生的学习动机。教师在管理课堂的过程中,应注重与学生建立信任关系,了解他们的需求和困惑,提供适当的支持和帮助,建立一个和谐、积极的课堂氛围。

4.情感交流和激励

在传统课堂教学中,情感交流和激励扮演着至关重要的角色。教师与学生之间的情感互动不仅能够促进学生的学习效果,还能够建立起良好的师生关系,增强学生的学习兴趣和参与度。通过直接的面对面交流,教师可以更准确地了解学生的情感需求和学习状态,及时给予关怀和支持。

在传统课堂上,教师可以运用多种方式进行情感交流,例如使用鼓励的语言、积极的表情和肢体语言,以及真诚的关怀和理解。这种情感交流不仅能够拉近师生之间的距离,还能够增加学生对教师的信任和尊重,从而更加积极地参与到课堂活动中来。同时,教师还可以借助课堂氛围的营造和互动的设计,让学生感受到温暖和鼓励,激发他们的学习热情。

除了情感交流,激励也是教师在传统课堂教学中的重要任务之一。教师可以通过及时的表扬、肯定和奖励,激励学生取得优异的学习成绩和进步。这种积极的激励能够增强学生的自信心和自尊心,让他们对学习充满信心和动力。同时,教师还可以运用激励性的话语和行为,帮助学生克服困难和挑战,鼓励他们勇敢地面对学习中的挑战和困难。

(二)在线学习

在线学习是混合式教学的重要组成部分,利用互联网技术和数字化资源,提供灵活多样的学习方式。在线学习有以下几个方面的优势和应用。

1.灵活安排学习时间和进度

在线学习的灵活性为学生提供了更多的自主选择和控制学习的机会。学生可以根据自己的学习节奏和时间安排,自主选择学习内容和学习进度,不再受限于传统课堂的时间和空间限制。这种灵活性使学生能够更好地适应个人的学习需求和生活节奏,有助于他们更高效地利用时间、提高学习效率。学生可以根据自己的学习计划,在适合自己的时间段进行学习,避免了因为学习时间的限制而产生的学习压力和焦虑感。此外,灵活安排学习时间和进度也有助于学生培养良好的学习习惯和自律能力。他们需要自主管理学习时间,合理安排学习任务,培养自主学习的能力,这对他们未来的学习和生活都具有重要意义。

2. 丰富的学习资源

在线学习平台所提供的丰富学习资源为学生的学习提供了便利和支持。其中包括各种形式的在线课程视频。这些视频涵盖了各种学科和知识领域,学生可以根据自己的学习需求和兴趣选择适合的视频进行学习。此外,电子教材也是在线学习平台的一大特色,学生可以随时随地通过电子设备访问教材,方便快捷地查阅和学习。练习题库则为学生提供了大量的练习题目,帮助他们巩固所学知识,提高解题能力。除了这些基础学习资源之外,在线学习平台还提供了各种辅助工具,如在线词典、翻译工具、计算器等,这些工具可以帮助学生更好地理解和掌握学习内容,提高学习效率。这些丰富的学习资源可以帮助学生更加便捷地获取知识、灵活地安排学习时间和进度,提升学习效果。

3. 多样化的学习方式

在线学习平台提供了多样化的学习方式,为学生的学习体验增添了更多色彩。其中,视频讲解是一种常见的学习方式,通过生动的讲解和图文并茂的演示,帮助学生直观地理解知识点。动画演示则通过动态图像和声音效果,将抽象的概念呈现得更加形象生动,使学生更容易理解和记忆。此外,模拟实验也是在线学习的重要组成部分,通过模拟实验软件,学生可以在虚拟环境中进行实验操作,探究科学现象,加深对知识的理解。互动练习是在线学习中常用的学习方式之一,学生可以通过各种形式的互动练习,检验自己的学习成果,发现和纠正错误,提高学习效果。这种多样化的学习方式不仅使学习过程更加生动有趣,还能够满足不同学生的学习需求,促进他们全面发展。

4. 个性化学习支持

个性化学习支持是在线学习平台的重要特点之一,它通过各种功能和工具,为学生提供个性化的学习帮助和指导。学习进度跟踪功能可以记录学生的学习进度和行为,帮助他们了解自己的学习情况。学生可以通过查看学习记录,了解自己在哪些方面需要加强,制订更有针对性的学习计划。学习建议是在线学习平台提供的另一项个性化支持,根据学生的学习情况和需求,系统会给出针对性的学习建议,帮助学生更好地调整学习策略,提高学习效率。错题分析功能则可以帮助学生找出学习中的薄弱环节和易错题目,有针对性地进行复习和强化训练,提高学习成绩。此外,通过分析学生的学习行为和表现,平台还可以为学生提供个性化的学习内容和资源推荐,满足他们的学习需求和兴趣。个性化学习支持不仅能够帮助学生更好地发现和解决学习中的问题,还能够提高学习效果,促进个性化学习和成长。

(三)小组讨论与合作学习

小组讨论与合作学习是培养学生团队协作能力和问题解决能力的重要方式。通过小组讨论和合作探究,学生可以相互启发,共同解决学习中的疑难问题,提升团队协作能力。

1. 培养团队协作能力

培养团队协作能力是现代教育的重要目标之一,而小组讨论与合作学习是实现这一目标的有效途径之一。通过小组合作,学生有机会与他人进行深入的沟通和合作,从而培养团队协作能力。在小组讨论中,学生需要相互交流、分享观点、协商决策,这促进了他们的沟通和协调能力。在合作学习中,学生需要分工合作、共同完成任务,这锻炼了他们的团队意识和合作技能。通过这些活动,学生逐渐学会了倾听他人的意见,尊重他人的想法,学会与他人合作解决问题,从而提高了团队协作能力。这种团队协作能力不仅对学生的学习有积极的影响,也对他们未来的工作和生活具有重要意义。在职场上,团队协作能力是一项必备的素质。在团队工作中,学生需要与他人合作完成任务,而良好的团队协作能力可以帮助他们更好地融入团队,发挥个人优势,共同实现团队目标。此外,团队协作能力还有助于学生建立良好的人际关系,增强团队凝聚力,培养领导才能,对于未来的职业发展和社会交往都具有重要的意义。

因此,通过小组讨论与合作学习,学校能够有效地培养学生的团队协作能力,为他们未来的学习、工作和生活奠定坚实的基础。这种团队协作能力的培养不仅是教育教学的重要目标,也是社会发展和个人成长的需要。

2. 增强学习的互动性和趣味性

在小组讨论中,学生可以与同伴进行积极的互动,分享彼此的见解和经验,共同探讨问题,从而激发出更多的思考和灵感。这种互动不仅促进了学生之间的交流和合作,还能够拓展他们的思维空间,培养出更加广阔的视野和深入的理解。通过共同思考和讨论,学生不仅可以从他人的角度看待问题,也可以结合自己的观点进行反思和探索,从而增强了学习的互动性。

此外,小组合作学习也能够增加学习的趣味性。在小组合作学习中,学生可以通过合作完成任务,享受到成功的喜悦和成就感。通过共同解决问题、完成任务,学生能够体验到合作的乐趣,增强对学习的积极性。而且,与他人合作还可以激发学生的竞争意识,促使他们更加努力地学习和探索,从而提高学习的效果和质量。因此,小组讨论与合作学习为学生提供了一个充满趣味和挑战的学习环境,激发了他们的学习兴趣和动力。

3. 促进深度学习和思维发展

在小组讨论中,学生可以针对学习内容展开深入的讨论和思考,从不同的角度思考问题,探索问题的本质和内在联系。通过与同伴的交流,学生可以激发出更多的思维火花,深入探究问题的核心,从而实现了对知识的深度理解和把握。此外,通过小组合作探究,学生还能够共同思考并解决复杂的问题,培养批判性思维和创新能力。在合作探究的过程中,学生需要积极思考、合作协调,不断探索和尝试,从而提高了他们的问题解决能力和创新思维。这种深度学习和思维发展不仅能够帮助学生更好地应对学习任务,还能够提升他们的综合素质和能力水平。

另一方面,小组讨论与合作学习也有助于促进学生的思维发展。在小组讨论中,学生可以自由交流和思考,激发出更多的思维火花,拓展了他们的思维空间。通过与同伴的讨论,学生可以深入思考问题,提出新的见解和观点,从而促进了他们的思维发展和成长。此外,小组合作探究也能够锻炼学生的逻辑思维和表达能力。在合作探究的过程中,学生需要清晰地表达自己的想法和观点,理清逻辑关系,从而提高了他们的表达能力和沟通能力。这种思维发展不仅有助于学生更好地理解和掌握知识,还能够培养他们的创新能力和批判性思维,为未来的学习和工作打下坚实的基础。

4. 提高学习效果和效率

通过小组合作,学生可以相互交流、讨论,并共同解决学习中的难题。在小组讨论中,学生可以通过分享不同的观点和见解,帮助彼此更好地理解和掌握知识。

这种互助互学的方式可以激发学生的学习兴趣,增强他们的学习动力,从而提高学习效果。同时,小组合作还可以促进学生之间的良好竞争氛围,激发他们积极参与学习的意愿,进一步提高学习效率。

小组讨论与合作学习还可以增强学生的学习信心和动力,促进他们更好地完成学习任务。在小组合作中,学生需要主动参与讨论和合作,这有助于培养他们的自信心和责任感。通过与同伴的合作,学生可以共同完成学习任务,取得成果,这不仅可以增强他们的成就感,还可以激发他们对学习的兴趣和热情。因此,小组讨论与合作学习能够在多方面提升学生的学习效果和效率,是一种高效的学习方式。

四、技术工具与平台

技术工具和平台在混合式教学中发挥着至关重要的作用,为教师和学生提供了丰富多样的教学资源和交流方式。常用的技术工具和平台如下。

(一)在线学习平台

Moodle 和 Canvas 是两种流行的在线学习平台,它们为教育机构提供了全面的课程管理和学习资源管理工具,同时也为学生提供了便捷的学习体验。以下是对这两种平台的概述。

1.Moodle

Moodle 作为一种开源的在线学习平台,在教育领域得到了广泛的应用和认可。其主要具有课程管理、学习资源管理、在线测验和考试及讨论论坛等功能,为教师和学生提供了全面的在线学习和教学支持。

Moodle 平台提供了强大的课程管理功能,教师可以在平台上轻松创建和管理课程。他们可以自由设置课程结构、发布课程信息、安排课程日程等,从而灵活地组织和安排教学内容,满足不同学科和教学目标的需求。这使教师能够根据学生的实际情况,个性化地设计和管理课程,提供更加丰富和有效的教学体验。

Moodle 提供了丰富的学习资源管理功能,教师可以轻松地上传和发布各种形式的学习资源,包括课件、文档、视频、链接等。学生可以通过 Moodle 平台方便地获取和查看这些学习资源,随时随地进行学习。这不仅提高了学习的便捷性和灵活性,还为学生提供了更加丰富和多样化的学习资源,促进了他们的学习兴趣和效果。

Moodle 还提供了在线测验和考试功能,教师可以使用平台创建各种类型的在线测验和考试,并设定相关的参数。学生可以在规定的时间内完成测验和考试,系统会自动评分,并即时给出成绩和反馈。这不仅节省了教师的批改时间,还提高了评估的准确性和及时性,促进了学生的学习和成长。

Moodle 平台提供了讨论论坛功能,教师和学生可以在论坛上进行交流和讨论。教师可以创建不同的讨论话题,引导学生展开讨论,分享观点和经验。学生可以在论坛上提出问题、发表意见、回复他人等,促进学生之间的互动和交流,拓展思维,加深理解。这种互动式的学习环境有助于激发学生的学习兴趣和参与度,提高学习效果。

2.Canvas

Canvas 作为一种备受欢迎的在线学习平台,以其简洁友好的界面和丰富强大的功能而闻名。其主要具有课程管理、学习资源管理、在线测验和考试以及讨论论坛等功能,为教师和学生提供了全面的在线学习和教学支持。

Canvas 提供了直观易用的课程管理功能,教师可以轻松创建和管理课程。他们可以在 Canvas 平台上设置课程目标、布置作业、发布公告等,通过简单直观的操作,灵活地组织和安排教学内容,满足不同学科和教学目标的需求。这使教师能够更加有效地管理和监控课程进度,提供更加个性化和优质的教学体验。

Canvas 支持多种学习资源的上传和发布,包括文档、视频、链接等。学生可以通过 Canvas 平台方便地获取和查看这些学习资源,随时随地进行学习。这种便捷的学习方式不仅提高了学习的效率,还为学生提供了更加丰富和多样化的学习资源,促进了他们的学习兴趣和效果。

除此之外,Canvas 还提供了在线测验和考试的功能,教师可以灵活设置各种题型和考试参数。学生在指定的时间内完成测验和考试,系统会自动评分,并即时给出成绩和反馈。这种在线评估方式不仅节省了教师的批改时间,还提高了评估的准确性和及时性,促进了学生的学习和成长。

Canvas 的讨论论坛功能使教师和学生能够在平台上进行交流和讨论,分享学习心得和观点,促进学术交流和合作。教师可以创建不同的讨论话题,引导学生展开讨论,从而拓展思维,加深理解。这种互动式的学习环境有助于激发学生的学习兴趣和参与度,提高学习效果。Canvas 的这些功能使其成为许多学校和机构的首选在线学习平台。

(二)视频会议工具

Microsoft Teams 作为微软推出的协作平台,为教育领域提供了全面的在线协作解决方案。该平台集成了多种功能,包括视频会议、即时聊天、文件共享、日历管理等,为教师和学生提供了便捷的在线学习和协作环境。教师可以利用 Teams 轻松创建专属的课程团队,将学生加入其中,实现全方位的课堂管理和教学互动。通过 Teams 的视频会议功能,教师可以进行实时的在线教学,与学生进行面对面的互动和讨论,有效地传递教学内容并解答学生的疑问。同时,Teams 的聊天功能使教师可以与学生进行即时的消息沟通,提供个性化的学习指导和支持,促进师生之间的交流与互动。此外,Teams 还提供了文件共享功能,教师可以在课程团队中分享课件、资料和作业,方便学生获取和参考,实现教学资源的共享与管理。综合而言,Microsoft Teams 作为功能强大的协作平台,为教师和学生提供了便捷高效的在线教学和学习工具,为教学带来了全新的体验。

(三)互动工具

1.Kahoot

Kahoot 是一款备受欢迎的在线测验和互动工具,为教师和学生提供了丰富多彩的学习体验。其独特的游戏化设计和简单易用的界面使教学变得更加生动有趣,有着广泛的应用范围和深远的影响。Kahoot 的主要特点和优势如下。

Kahoot 提供了丰富多样的测验和互动功能,教师可以轻松创建各种形式的测验、投票和问答游戏。这些游戏既可以用于课堂练习和复习,也可以用于课堂互动和知识竞赛,帮助学生巩固知识、提高学习效果。

Kahoot 注重趣味性和互动性,通过各种有趣的游戏形式和独特的竞赛模式,激发学生的学习兴趣和参与度。学生可以通过手机或平板电脑参与游戏,在竞赛和排名中体验学习的乐趣,增强对知识的记忆和理解。

Kahoot 还提供了实时反馈和数据分析功能,教师可以随时了解学生的学习情况和表现,及时调整教学策略和内容。同时,学生也可以通过反馈和排名了解自己的学习进度和水平,激励自己更加努力地学习。

2.Mentimeter

Mentimeter 是一种强大的在线工具,专门用于创建交互式投票和问卷,为教师提供了一个有效的方式来与学生进行实时互动和获取反馈。通过 Mentimeter,教师可以轻松创建各种类型的投票和问卷,包括选择题、填空题、滑块题等,以满足不同教学情境下的需求。这些交互式内容可以用于课堂练习、知识检测、课程评估等方面,帮助教师了解学生的学习情况。

Mentimeter 的显著特点是其实时性和互动性。教师可以在课堂上即时展示投票和问卷,学生可以通过手机、平板电脑等设备实时参与,并且结果可以即时显示在屏幕上。这种实时互动不仅可以增加课堂的活跃度和趣味性,还可以帮助教师快速了解学生的学习情况,及时调整教学策略和内容。同时,Mentimeter 还提供了丰富的数据分析功能,教师可以对学生的反馈意见和答题情况进行统计和分析,为后续教学提供参考和指导。

总的来说,Mentimeter 作为一种交互式投票和问卷工具,为教师和学生提供了一个便捷、有效的互动平台。其实时性、互动性和数据分析功能,使其在课堂教学和课程评估中发挥着重要作用,成为提高教学效果的工具。

五、评估与反馈

评估与反馈是课程设计的重要环节,旨在监控学生学习进度和效果。混合式教学的评估与反馈应包括:

(一)形成性评估

形成性评估是教学中的一种重要评价方式,旨在及时了解学生的学习情况,以指导和促进他们的学习过程。

小测验是形成性评估的一种常见形式。通过定期组织小测验,教师可以对学生的学习进展进行快速检查,了解他们掌握的知识点和技能,以及存在的困难和误解。这有助于教师及时调整教学策略,针对性地进行复习和强化,确保学生在学习过程中不断进步。同时,小测验还可以激发学生的学习兴趣和动力,让他们保持对学习内容的关注和热情。

作业也是形成性评估的重要组成部分。通过布置作业,教师可以要求学生在课堂之外继续思考和探索学习内容,巩固和加深他们的理解。作业不仅可以帮助学生将课堂所学知识应用到实际情境中,还可以培养他们的自主学习能力和解决问题的能力。同时,教师可以通过批改作业,及时发现学生的错误和不足之处,给予针对性的指导和建议,帮助他们改进和提高。通过作业的形式,学生和教师都能够在学习过程中得到反馈和成长,更好地达成教学目标。

(二)总结性评估

总结性评估在教学过程中扮演着至关重要的角色。它通过期末考试、项目报告等方式对学生的整体学习成果进行综合评价,旨在总结学生在一段时间内所学到的知识、技能和能力,检验教学目标的达成程度。期末考试是其中最常见的一种形式,通过对课程内容的全面覆盖和综合考核,评估学生对整个学期所学知识的掌握程度和理解深度。这种考核方式能够检验学生对知识的整体把握能力,评价他们的学习成果,并为学生未来的学习和发展提供参考依据。

项目报告也是一种常见的总结性评估方式。为完成项目报告,学生需要运用课堂所学知识和技能,解决现实问题或完成特定任务。这种形式的评估不仅考查学生的学科知识,还能够评价他们的分析能力、解决问题的能力、团队合作能力等综合素养。项目报告的评估过程往往包括项目设计、执行过程、成果呈现等多个环节,从而全面了解学生的学习过程和成果。总结性评估通过综合考核学生在一定时间内的学习情况,为教师提供了重要的反馈信息,同时也能够促进学生全面发展和个性成长。

(三)反馈机制

在混合式教学中,建立有效的反馈机制对于提升学生学习效果至关重要。利用在线平台的反馈功能,可以实现即时、详细的学习建议和指导,为学生提供个性化、针对性的支持。通过在线平台,教师可以随时查看学生的学习进展和表现,及时发现学习中存在的问题和困难。针对学生的学习情况,教师可以通过在线聊天、电子邮件等方式,提供即时的建议和指导,帮助学生解决学习中遇到的困难,调整学习策略,提高学习效果。这种即时的反馈机制能够及时纠正学生的错误认识,激励他们积极学习,从而提升整体的学习效果。

利用在线平台的反馈功能还可以提供详细的学习建议和指导。教师可以通过在线平台对学生的作业、测验等学习成果进行详细的评价和反馈,指出学生的优点和不足之处,并提出改进建议和学习策略。通过这种详细的反馈,学生可以清晰地了解自己的学习情况,认识到自己存在的问题,从而有针对性地调整学习方法,提高学习效果。同时,详细的反馈还能够增强学生的学习动力和自信心,激发他们对学习的兴趣,促进学生持续学习。综上所述,利用在线平台的反馈功能,可以实现即时、详细的学习建议和指导,为学生提供个性化、针对性的支持,从而提升整体的学习效果。

六、课程实施计划

(一)课程准备阶段

在课程准备阶段,教师将着重设计课程结构、准备教学资源,以及搭建在线学习平台,以确保学生在混合式教学中能够获得有效的学习支持。

1. 课程设计

课程设计是教学活动的基础,需要从设定课程目标、明确教学内容和学习要求等方面展开。在高中数学课程设计中,首先应根据课程标准和学生水平确立明确的教学目标,随后结合教材内容和学生特点,设计合理的课程结构和教学大纲,以明确教学重点和难点,为学生的有效学习提供有力支持。

2. 资源准备

资源准备是混合式教学中至关重要的一环,它涉及收集和准备各种教学资源,确保课程的教学内容得以充分支持和展示。在高中数学课程中,教师需要搜集包括教材、课件、习题、实验材料等在内的丰富资源,这些资源应当涵盖课程的各个模块和学习目标。通过充实的资源库,学生在混合式学习中可以更加便捷地进行自主学习和复习,提高学习效率。因此,教师在资源准备阶段需要充分考虑课程的内容和学生的需求,精心策划并准备丰富多样的教学资源,以支持学生的学习过程。

3. 平台搭建

在国家中小学智慧教育平台的基础上,选择适合的在线学习平台或工具,以搭建课程的在线学习环境。国家中小学智慧教育平台应作为主要平台,充分利用其提供的丰富资源和功能,满足高中数学课程的教学需求。同时,以其他易用性强、功能丰富的在线学习平台作为补充,如 Moodle 或 Canvas。这些平台应具备完善的课程管理、学习资源发布、作业提交和讨论交流等功能,以确保教学活动的顺利进行和学生的良好学习体验。通过整合国家中小学智慧教育平台与其他辅助平台,打造一个全面、灵活、高效的混合式学习环境,为高中数学课程的有效教学提供坚实保障。

(二)课程实施阶段

在课程实施阶段,将按照事先设计的教学计划和安排,有序地开展混合式教学活动,包括传统课堂教学、在线学习和小组合作学习等形式。

1. 传统课堂教学

传统课堂教学是一种经典的教学模式,通过面对面的授课和互动,向学生传授数学知识,并解答他们的疑惑。在传统课堂中,教师通过板书、演示和示例讲解等方式,深入浅出地向学生介绍数学概念和原理,帮助他们建立扎实的数学基础。同时,教师还可以通过提问、讨论和互动等方式,激发学生的学习兴趣和思维能力,促进他们的深度思考和探索。传统课堂教学注重师生互动和现场解惑,为学生提供了一个良好的学习氛围,有助于加强他们的理解和记忆,培养他们的数学思维能力和解决问题的能力。

2. 在线学习

在线学习作为课程的重要组成部分,为学生提供了灵活的学习方式。教师通过在线平台发布课程资料、视频讲解、习题和作业,学生可以根据自身时间安排和进度进行学习。在这个过程中,学生可以与教师和同学进行线上互动交流,解决学习中的问题,共同探讨和理解数学知识。这种在线学习的模式不仅提供了更加便捷和自主的学习体验,还能够促进学生的主动性和参与度,增强他们的学习效果和成就感。

3. 小组合作学习

通过小组讨论、合作项目等形式,培养学生的团队合作能力和问题解决能力。教师将安排学生组成小组,共同完成一些实践性的数学问题或探究性的课题,促进学生之间的合作和交流。

（三）课程总结阶段

在课程总结阶段,将对整个教学过程进行评估和反思,以便更好地总结经验、改进教学方法和提高教学效果。

在评估和改进的过程中,教师应该注重以下几个方面:

1. 学生学习成果的评估

对学生的学习成果进行全面而准确的评估,包括知识掌握程度、技能应用能力、学习态度和综合素养等方面。通过多种评价手段和工具,全面了解学生的学习情况,为课程改进提供依据。

2. 教学方法的反思

反思教学过程中采用的教学方法和策略,分析其优缺点和效果。教师需要思考教学方法是否适合学生的学习需求和特点,是否能够激发学生的学习兴趣和提高学习效果。在此基础上,调整和优化教学方法,提升教学效果。

3. 教学资源的更新

定期审查和更新教学资源,确保其与课程目标和教学内容的契合度。教师应及时查找、整理和制作新的教学资源,丰富课程内容,提高教学质量。

4. 师生互动的加强

加强师生之间的互动和沟通,建立良好的师生关系和教学氛围。教师应积极倾听学生的意见和建议,及时回应他们的疑问和困惑,为学生提供更好的学习支持和指导。

通过不断地评估、反思和改进,教师可以不断提高自身的教学水平,优化课程设计和教学组织,为学生提供更加优质的教育服务。

第二节　在线与面对面教学的结合

混合式教学的核心在于将在线和面对面教学相结合,以充分利用各种教学模式的优势。同步教学通过同时进行在线和面对面教学,确保所有学生同步接收信息,并进行实时互动和讨论。异步教学则通过在线资源和预录视频,让学生在课前或课后进行自主学习,以便更好地掌握知识。同时,混合式教学模式根据课程内容和学生需求,灵活调整在线和面对面教学的比例,从而实现个性化教学和优化学习体验。这种结合方式能够提高教学的灵活性和效果,满足不同学生的学习需求,促进他们的全面发展。在线与面对面教学结合的策略具体如下。

一、同步教学

（一）同步教学的重要性

同步教学是混合式教学中的重要组成部分,对于高中数学课程尤为重要。在同步教学中,教师通过在线和面对面的方式同时进行教学活动,以确保所有学生在同一时间内能够接收到相同的信息,并促进实时的互动和讨论。在高中数学领域,同步教学可以采用多种形式,包括传统的面对面课堂教学和在线视频会议等。这种教学模式能够提供更加灵活和多样的学习体验,有助于增强学生的学习效果和兴趣。

1. 同步教学为高中数学课程提供了更加灵活和便捷的学习方式

学生可以根据自己的时间和地点选择参与在线或面对面的教学活动,从而更好地适应个性化的学习需求。无论是在学校教室还是在家中,学生都能够通过互联网接收教学资源,参与同步教学活动,实现学习内容的同步传递。这种灵活性使学生可以更好地安排自己的学习时间,充分利用碎片化时间进行学习,提高学习效率。同时,同步教学还能够打破传统教学的时间和空间限制,为学生提供更广阔的学习空间和更丰富的学习资源,促进他们更深层次地理解和掌握数学知识。

2. 同步教学能够促进学生之间的实时互动和合作

同步教学在高中数学课堂中促进了学生之间的实时互动和合作。通过在线视频会议等工具,教师能够与学生进行实时互动,解答他们的疑问,并激发他们的思维和探究兴趣。这种即时的师生互动不仅可以及时解决学生的困惑,还能够增强他们的学习动力和信心。同时,同步教学也为学生之间的合作提供了便利条件。在课堂上,学生可以通过在线讨论和小组活动等形式展开合作,共同探讨问题,互相交流学习经验。这种合作学习不仅能够促进学生之间的交流与合作,还能够培养他们的团队合作精神和解决问题的能力,进一步提高学习效果。

3. 同步教学能够提供更加丰富和多样的教学资源

同步教学的优势之一在于提供了丰富多样的教学资源,通过在线平台和数字化教学工具,教师能够便捷地分享各种形式的教学资源,包括课件、视频、习题等,为课堂注入了新的活力和多样性。这些资源不仅能够丰富课堂教学内容,还能够满足学生多样化的学习需求,提供更加个性化的学习体验。学生可以根据自己的学习节奏和兴趣,在教师提供的丰富资源中进行自主选择和学习,从而更好地巩固所学知识,拓展学习视野。同时,这些资源也为学生提供了更多的学习路径和选择,激发了他们的学习兴趣和动力。因此,同步教学所提供的丰富多样的教学资源,不仅丰富了课堂教学内容,也为学生提供了更加灵活和个性化的学习方式,进一步提升了教学质量和效果。

(二)高中数学如何实施同步教学

高中数学的同步教学可以通过以下方式实施:

1. 课堂教学与在线教学结合

将传统的面对面课堂教学与在线教学有机地结合起来,成为当今教学模式的一种重要趋势。这种融合式教学的优势在于既能够充分利用传统课堂的互动性和师生面对面的交流优势,又能够借助在线教学平台的丰富资源和多样化的教学方式,使教学内容更加生动、灵活,并且能够满足学生个性化学习需求。

在传统面对面课堂中融入在线教学元素,教师可以更加灵活地利用技术手段来展示教学内容。通过使用投影仪或电子白板等设备,教师可以直接在课堂上展示在线教学平台上的课件、教学视频或其他多媒体教学资源。这样的操作使教学内容更加形象生动,能够吸引学生的注意力,提高学习效果。同时,教师也可以在课堂上与学生一起讨论数学概念、解题方法等内容,通过实时互动和讨论,促进学生对数学知识的理解和应用能力的提升。这种教学方式能够确保学生在课堂上与在线上接收到相同的教学内容,保持信息的同步性,使学生在不同学习环境中获得一致的学习体验。

2. 在线实时互动

在线实时互动是混合式教学中的重要组成部分,通过视频会议工具或在线教学平台,教师可以与学生进行直播式的实时互动。在课堂上,教师可以设置摄像头,让学生通过视频远程参与课堂,与面对面的学生进行互动讨论。这样可以确保全班学生在同一时间内参与教学活动,促进实时的互动和讨论。通过实时互动,学生可以及时提出问题、分享想法,教师可以即时回答疑问、解释概念,从而提高课堂的参与度和学习效果。在线实时互动还可以打破时间和空间的限制,让学生无论身处何地都能参与到课堂中来,增加了课堂的灵活性和包容性,满足了不同学生的学习需求。

3. 在线讨论和小组合作

在线讨论和小组合作是混合式教学中的重要环节,通过在线教学平台的讨论区或群组功能,教师可以轻松地组织学生进行有针对性的交流和合作。教师可以设立讨论话题,引导学生探讨数学问题的不同解决方法、应用场景或相关概念,激发学生的思维和创造力。同时,教师还可以分配小组任务,让学生在小组内协作完成一些探究性的任务或项目,如解决数学问题、设计数学实验等。通过在线讨论和小组合作,学生不仅可以互相启发、交流思想,还能共同探索、合作解决问题,从而深化对数学知识的理解和应用能力。这种合作性学习模式不仅能够培养学生的团队合作能力和沟通能力,还能增强学生的自主学习和解决问题的能力,促进学生全面发展。

4. 在线作业和评价

在线作业和评价是混合式教学中的重要环节。通过在线教学平台的作业发布和评价功能,教师能够方便地设计和分发各种形式的作业和测验。学生可以根据作业要求和时间安排,在规定的时间内完成作业,并通过在线平台提交给教师进行批改和评价。教师可以及时查阅学生提交的作业,对其进行详细的评价和反馈,包括作业的完成情况、答案的正确性、解题思路的清晰度等方面。通过及时的评价和反馈,学生可以了解自己的学习水平和问题所在,及时调整学习策略,提高学习效果。同时,教师还可以根据学生的作业情况,及时调整教学内容和方法,针对性地进行教学辅导,帮助学生提高数学学习水平。这种及时的作业评价机制不仅促进了学生的学习动力和自主学习能力,还提高了教学效率和质量。

5. 在线辅导和答疑

在线辅导和答疑是混合式教学中的重要组成部分。通过在线教学平台提供的聊天工具或专门的答疑板块,学生可以随时向教师提出问题,并获得及时的解答和指导。这种形式的在线辅导和答疑服务为学生提供了便利和灵活的学习方式,不受时间和地点的限制,能够及时解决学习中的疑惑,加深对数学知识的理解和掌握。同时,教师也能够通过在线平台了解学生的学习情况,及时发现和解决学生的困惑,提高教学效果和学习质量。这种互动式的在线辅导和答疑模式不仅促进了师生之间的交流和互动,还增强了学生的学习信心和自主学习能力,提高了教学的个性化和差异化水平。

通过以上方式,高中数学的同步教学可以有效地结合传统的面对面教学和在线教学,确保学生在同一时间内接收到相同的教学内容,促进实时的互动和合作,提高教学效果和学生学习体验。

二、异步教学

(一)异步教学在高中数学教学中的重要性

异步教学在高中数学教学中扮演着重要的角色。通过在线资源和预录视频等形式,学生可以在课前或课后进行自主学习,自由安排时间和地点。这种教学方式为学生提供了更灵活的学习机会,使他们能够根据自身的学习节奏和理解能力,更深入地学习数学知识。

在异步教学中,教师可以提前准备好相关教学资源,包括教材解读、示范讲解、习题讲解等,以满足学生的学习需求。学生可以根据自己的学习计划和兴趣,在课外时间自主学习,并通过观看视频、阅读教材、完成作业等方式加深对数学概念和技能的理解和掌握。

异步教学还可以提供更多的学习资源和学习机会,如在线练习题、课外阅读材料、学习笔记等,帮助学生巩固所学知识、拓展学习视野。同时,学生可以通过在线平台与教师和同学进行交流和讨论,解决学习中的问题,加深对数学知识的理解和应用。这种多样化的学习资源不仅满足了学生的学习需求,还丰富了他们的学习体验,激发了他们的学习兴趣和动力。

(二)异步教学实施策略

高中数学实现异步教学的方法较多,具体如下:

1.准备在线学习资源

准备在线学习资源是实现高效异步教学的关键步骤。教师可以通过多种方式丰富在线学习资源,以满足学生的不同学习需求和学习风格。首先,教师可以准备教材解读,通过文字、图表、示例等形式对教材内容进行解析和说明。这有助于学生更好地理解教材内容,消化吸收知识。其次,示范讲解视频是非常有效的教学资源,教师可以录制课堂讲解或专门制作的教学视频,通过语言、图像、动画等多种手段生动地呈现数学概念和解题方法。学生在课堂之外可以随时观看视频资源,反复学习,加深理解。除此之外,习题讲解也是十分重要的在线学习资源。教师可以准备一系列的习题,并录制讲解视频或提供详细的文字解析,引导学生掌握解题技巧和方法。此外,课外阅读材料也是丰富在线学习资源的有效方式。教师可以推荐一些与数学相关的文章、案例分析等,拓展学生的学习视野,激发他们对数学的兴趣和好奇心。这些课外阅读材料可以是经典数学问题的探讨,也可以是数学在实际生活中的应用,让学生从不同的角度去理解和认识数学,提升他们的综合素养和创新能力。

2.建立在线学习平台

通过使用国家中小学智慧教育平台,在高中数学混合式学习实践中,教师可以通过学生成绩分析来指导教学。例如,通过对学生某次课堂测验进行分析,我们可以发现,学生在解决复杂应用题时存在明显的不足,正确率仅为 25% 左右。为了弥补学生在生活化习题解答方面的不足,教师应该从教师的指导和学生的学习两个方面进行全面的改进和调整。教师可以通过使用情境教学法、生活化教学方法,以及利用信息技术制作微视频等方式来提高教学效果。同时,教师还可以引导学生通过在线教育平台进行自主学习。教师应该重视学生在信息化平台上的自主学习表现,并为他们提供针对性的指导,帮助他们养成利用线上平台学习的习惯。

3.发布学习任务

在建立了适合的在线学习平台后,教师可以通过该平台发布学习任务,为学生提供指导和方向,促进其自主学习。教师可以利用平台的课程管理功能,将学习任务按照课程进度和内容进行组织和发布。学习任务包括观看预录视频,视频可以是教师录制的课堂讲解、示范演示或解题步骤等内容,有助于学生在课堂外对知识进行反复学习和理解。同时,教师也可以布置阅读教材的任务,指导学生阅读相关的教材章节或相关文献,加深对知识点的理解和掌握。教师还可以设计各种形式的练习题和作业,帮助学生巩固所学知识,并检验其学习效果。这些练习题可以是选择题、填空题、解答题等,覆盖课程内容的各个方面,旨在帮助学生提高问题解决能力和应用能力。学生可以根据自己的学习计划和进度,自主选择合适的时间和地点进行学习,有助于提高学习的灵活性和效率。

教师在发布学习任务时需要注意任务的设置和安排,以确保学生能够理解任务的要求,并有足够的时间和资源完成任务。教师可以在任务中明确任务的目标和要求,说明完成任务所需的时间和资源,提供相关的学习资料和参考资源,以便学生能够更好地完成任务。同时,教师还可以设置任务的截止日期和提交方式,鼓励学生按时完成任务,并及时对学生的学习情况进行跟踪和评价。总的来说,通过在线学习平台发布学习任务,可以为学生提供更加灵活和便捷的学习方式,激发其学习兴趣和主动性。

4. 提供学习指导

教师可以利用平台上的消息功能或在线讨论区,向学生提供学习内容的解释和补充说明。当学生在学习过程中遇到困难或不明白的地方时,他们可以随时在平台上向教师提问,而教师则可以及时给予解答和指导,帮助学生理解和消化知识。这种实时的学习指导不仅可以解决学生的问题,还可以促进学生对知识的理解和掌握,提高学习效果。

教师还可以利用在线平台为学生提供答疑解惑的服务。通过设置在线答疑时间或答疑板块,教师可以在特定的时间段内为学生提供答疑服务,解决他们在学习过程中遇到的各种问题。学生可以在规定的时间内向教师提出问题,并在平台上等待教师的解答。这种答疑解惑的方式不仅可以帮助学生及时解决问题,还可以提高他们的学习自觉性和主动性。通过在线平台提供学习指导和答疑解惑的服务,教师可以更好地辅导学生,促进其学习进步和发展。

5. 组织在线讨论

在线讨论是异步教学中的重要环节,可以促进学生之间的互动和合作,提高他们的学习效果和学习动力。

通过在线学习平台的讨论区或群组功能,教师可以轻松地组织学生进行在线讨论。教师可以设定讨论话题或提出问题,激发学生的思维,引导他们展开讨论。学生可以在平台上就特定的话题或问题进行交流和讨论,分享彼此的看法、经验和观点。这种交流和讨论的方式能够促进学生之间的互动和合作,拓展他们的思维空间,丰富他们的学习经验。

通过在线讨论,学生可以交流学习心得、分享解题思路,从而促进学习效果的提高。在讨论过程中,学生可以分享自己的学习体会和感悟,学习他人的解题方法和思维逻辑。这种交流和分享的过程不仅可以加深学生对知识的理解和掌握,还可以激发他们的学习兴趣和学习动力,提高他们的学习效率和学习质量。通过在线讨论,学生可以共同探讨问题,相互启发,共同进步,从而实现更好的学习效果。因此,组织在线讨论是异步教学中不可或缺的一环,可以有效促进学生的学习。

6. 线上、线下定期评估学习成果

线上、线下定期评估学习成果是异步教学中至关重要的一环,通过在线平台对学生的学习成果进行及时、准确的评估,能够有效帮助学生了解自己的学习情况,发现和解决存在的问题,提高学习效果。

线上应用主要是利用高中生的中长假期,日常学习的自习课,充分发挥网络学习资源的作用,从预习和复习两个方面对学生的线上自主学习进行规划和指导。线上预习包括线上课程学习、线上答疑活动、线上微作业布置。线上复习则主要应用课题组录制的复习视频、编制复习学案等专题复习资源开展线上自主学习。线下应用主要利用平台中的"我的授课"功能调用平台资源进行双师授课。首先利用线上教学视频帮助学生快速浏览本节课知识要点,教师在线下根据学生预习中遇到的问题重点点拨。

建立以形成性评价和总结性评价相结合的资源应用效果评价体系,制定了详细的多元学习效果评价方案。通过课上对学生的提问检验学生的预习效果;通过与学生交流、互动、分组讨论情况,判断本节课教学内容组织和节奏控制的合理性;通过课堂检测,检验学生知识掌握情况,判断是否达成教学目标。

混合式学习资源开发与应用效果的评价主要分为学生自评和教师评价。自评主要从学生自我认知感受出发,对自己的学习情况做出的评估。教师评价分为线上学习评价和线下学习评价两大部分,线上学习评价和线下学习评价都包括了交互和资源利用程度、答疑协作情况、作业情况等评价指标。

第三节　提升学生互动与参与的策略

在教育中,提升学生的互动与参与是促进有效学习的关键。建立积极互动的学习环境可以激发学生的学习热情,增强他们的学习动力,进而提高学习效果。采用多种策略,如创设丰富多彩的课堂氛围、利用多媒体和互动工具、组织小组合作学习,以及提供实践机会和项目任务等方式,可以有效地激发学生的兴趣,促进他们积极参与和深度学习。因此,设计和实施有效的学生互动与参与策略对于提高教学质量和学生学习成效具有重要意义。提升学生互动与参与的策略有很多,以下对一些常用的方法进行概述。

一、创建积极互动的课堂氛围

在高中数学教学中,提升学生的互动与参与至关重要。创建积极互动的课堂氛围是实现这一目标的关键策略之一。教师可以通过鼓励学生提问、分享观点和经验来营造积极互动的氛围。通过采用开放式问题启动讨论,教师可以激发学生的思维和创造力,让他们更加积极地参与到课堂讨论中。此外,为了增强学生的互动,教师还可以采用小组讨论、合作学习等方式,让学生之间相互交流、合作,共同解决问题,促进彼此之间的学习和进步。

二、运用多媒体资源和互动工具

在高中数学教学中,利用多媒体资源和互动工具是提升学生互动与参与的重要策略之一。使用多媒体资源,如视频和演示文稿,可以生动地展示抽象的数学概念和复杂的数学问题,使学生能够更直观地理解和掌握知识。例如,教师可以通过视频展示实际应用场景中的数学问题,让学生在真实情境中感受数学的重要性和实用性。同时,演示文稿可以结合图片、图表等多种形式,以视觉化的方式呈现数学内容,激发学生的学习兴趣,提高他们的注意力和参与度。

互动工具的运用也能够有效地促进学生的互动与参与。在线投票工具是一种重要工具,其通过设置投票问题或提出选择题,让学生积极参与到课堂中来,表达自己的观点和看法。此外,利用在线白板、即时消息等工具,学生可以在课堂上随时提问、回答问题,与教师和同学进行交流和互动。这种实时的互动方式不仅能够增强学生的参与感,还能够促进思维的碰撞和知识的共享,提高整个课堂的教学效果。

结合多媒体资源和互动工具,教师可以设计丰富多彩的互动活动,提升学生的参与度和学习体验。例如,教师可以设置数学游戏或竞赛,让学生在比赛中展示自己的数学技能和解题能力;或者设计小组讨论、角色扮演等合作活动,让学生在团队合作中共同解决问题,增强彼此之间的交流和合作能力。通过这些互动活动,学生不仅能够深入理解数学知识,还能够培养解决问题的能力和团队协作精神,从而提高学习的积极性和参与度。

三、采用小组合作学习

小组合作学习可以有效激发学生的合作精神和团队意识。通过将学生分成小组,让他们共同解决问题、讨论课题,学生之间能够相互协作、互相支持,在合作中学会倾听、尊重他人的观点,从而培养出团队合作的良好氛围和合作能力。这种团队合作的学习方式不仅能够提高学生的学习兴趣,还能够增强他们的学习动力和积极性。

小组合作学习可以促进学生的学习效果。在小组内,学生可以相互交流、共同讨论,分享解题思路和学习经验,从而加深对数学知识的理解和掌握。通过与同伴的互动和合作,学生能够在解决问题的过程中发现自己的不足之处,及时纠正错误,提高学习效率。此外,小组内的互助和鼓励也能够增强学生的自信心和学习动力,使他们更加积极地参与到学习中来。

小组合作学习还能够增强学生的沟通能力和团队合作能力。在小组合作学习过程中,学生需要相互交流、表达自己的观点和想法,倾听和理解他人的意见,这有助于提高他们的口头表达能力和沟通技巧。同时,学生还需要分工合作、协调资源,共同完成任务,从而培养出良好的团队合作精神和团队协作能力。这些能力不仅在数学学习中具有重要意义,也是学生未来生活和工作中所必备的重要素质。

四、实施角色扮演和案例分析

在高中数学教学中,实施角色扮演和案例分析是一种有效的策略,可以提升学生的互动与参与。通过安排学生扮演特定角色参与模拟情境或案例分析,可以激发学生的学习兴趣和参与度。通过角色扮演,学生可以身临其境地体验真实情境,感受数学知识在实际生活中的应用,从而增加他们的学习动力和积极性。例如,学生可以扮演数学家、工程师或实际问题中的角色,参与到特定场景中进行模拟推演,以理解和应用数学知识,从而深化对知识的掌握。

角色扮演和案例分析,可以让学生更深入地理解和应用所学知识。在模拟情境或案例分析中,学生需要运用数学知识解决实际问题,思考问题的解决方案和方法,这有助于他们将抽象的数学概念与实际情境相结合,形成更为深刻的认识和理解。例如,学生可以通过扮演角色,分析和解决实际生活中的数学问题,提升他们的实际应用能力和问题解决能力。

角色扮演和案例分析,可以增加学生的参与度和学习兴趣。在模拟情境或案例分析中,学生可以积极参与到角色扮演和讨论中去,与同学合作,共同分析问题、探讨解决方案,这有助于增强他们的主动学习意识和学习动力。同时,通过实际情境的体验和互动,学生能够更加生动地感受到数学知识的魅力和实用性,从而增加他们对数学学习的兴趣和热情。

五、提供实践机会和项目任务

在高中数学教学中,提供实践机会和项目任务是一种有效的策略,可以极大地促进学生的互动与参与。通过参加实践活动和项目任务,学生将有机会将理论知识应用到实际情境中,从而培养他们的问题解决能力和创新意识。例如,可以设计数学建模比赛、科学研究项目或社区服务项目,让学生在实践中运用数学知识解决现实生活中的问题。这样的实践性学习不仅可以加深学生对数学知识的理解,还能够培养他们的批判性思维和实际应用能力。

提供实践机会和项目任务可以激发学生的主动性和积极性,从而增强他们的参与度和学习动力。通过参与实践活动和项目任务,学生可以更加直观地感受到数学知识在现实生活中的应用,激发他们对学习的兴趣和热情。此外,实践性学习通常需要学生积极主动地合作、探索和解决问题,这样的过程能够锻炼他们的团队合作能力和创新精神。因此,提供实践机会和项目任务不仅可以提升学生的学习效果,还可以培养他们的综合素养和社会责任感,为其未来的发展奠定坚实的基础。

六、定期反馈和评价

在高中数学教学中,定期反馈和评价是提升学生互动与参与的重要策略之一。给予学生及时的反馈和评价,可以帮助他们认识到自己的学习情况,激发他们的学习动力和积极性。定期的问卷调查可以帮助教师了解学生的学习态度、学习习惯及对课程内容的理解程度。教师可以根据问卷调查的结果,调整教学方法和内容,更好地满足学生的学习需求,提高他们的参与度和学习效果。

定期的小测验和作业评价可以及时发现学生的学习问题,并给予针对性的指导和帮助。通过定期的小测验,教师可以了解学生对课程知识的掌握程度,及时纠正他们的学习错误,引导他们加强薄弱环节。同时,作业评价也可以帮助学生及时了解自己的学习情况,发现学习中的不足之处,进而调整学习策略,提高学习效果。

定期的反馈和评价可以鼓励学生继续参与和进步。及时给予学生积极的反馈和鼓励,可以增强他们的自信心和学习动力,促进他们保持积极的学习态度和参与度。教师可以通过表扬优秀表现、提出建设性的建议等方式,激励学生不断进步,为课堂互动和学习效果的提升打下良好的基础。

第四节 高中数学混合式学习资源应用

一、高中数学混合式学习资源应用策略

利用网络媒介结合传统的课堂教学,形成混合型的教学,这是在新的课程标准下进行的高中数学教学改革的主要研究领域,同时也满足了高中数学的独特性和提升高中学生的学科核心素质的教学目标。以下从多方面对高中数学混合式学习资源应用策略进行概述。

（一）课前预习

学生在预习时，一是关注教材，二是借助网络视频资源。鉴于高中学生特殊的学情，不能将手机带入学校，他们最好的线上学习时间就是中长假期。在假期可以突破时间和空间的限制，登录平台学习视频资源，完成教材最基本的练习，提交自己的收获和疑惑，以便教师了解学生通过自学可以达到的高度和课堂学习前对知识掌握的程度，据此对学生常见的问题在课堂进行梳理和提炼，进而开展有针对性的教学，这样做充分发挥了线上学习的价值，实现个性化学习的最大效能。

（二）资源建设

考虑到不同学生的素养差异和内在潜能，教师要对不同层次、不同类型的学生配置不同的资源和学习任务，实现无论学困生还是优等生"最合适的区间"的最好发展。史宁中教授认为，按照每一节或某一个知识点进行传统教学，已经不适合新时代学生核心素养的培育要求，把一些具有逻辑联系的知识内容或思想方法放在一起进行整体设计尤为必要。首先教师对教材整体单元规划，对学生参与资源开发做合理分工，然后引导学生针对问题设计题型、方法，最后教师汇总学生的预习成果编辑教学案。

（三）课上学习

课堂教学中，教师提供值得讨论的问题，以小组为单位展开讨论，制定一定的激励措施，激发学生的求知欲和求胜欲。例题讲解、习题强化环节，展示学生的预习成果，运用学生开发的学习资源指导教学实践，是学生学会发现自我、欣赏别人的过程，预习成果的有效展示是体现课堂教学效率和价值的关键。

（四）假期用国家精品课，结合预习任务单做预习

在假期利用国家精品课进行预习的过程中，学生可以通过自主学习和任务型学习探索数学知识的深度和广度。预习任务单的设计应当侧重于激发学生学习兴趣和培养自主学习能力，让学生在自主学习的同时更好地掌握知识点。结合预习任务单，学生能够提前接触到知识点，主动思考和解决问题，促进他们在课堂上更深入、高效地学习。同时，结合国家精品课的资源，学生可以在预习过程中接触优质的教学内容和方法，激发对数学学习的热情和兴趣，提高学习效果和学习质量。

高中数学混合式学习资源的应用需要充分发挥网络平台和数字技术的优势，

为学生提供丰富多样的学习资源和学习方式。教师可以借助在线教学平台、教学视频、交互式练习等数字化资源,为学生创造更具吸引力和趣味性的学习环境。

通过混合式学习方式,学生可以根据个人学习特点和进度进行自主学习,提高学习效率和学习兴趣。另外,教师也能依照学生的学习状态与回应,适时地改变教育方法与资源分布,达到针对性的教育,从而激发学生的学习热忱并提高他们的学业表现。

（五）错题分章节整理,以供考试复习用

错题分章节整理旨在帮助学生系统性地理解和强化各章节的数学知识。通过将错题按照章节整理分类,学生可以清晰地了解自己在不同知识点上的薄弱之处,有针对性地进行复习和强化。这种错题整理的方式不仅可以帮助学生加深对知识点的理解,还能让他们在梳理错题过程中发现问题、探索解决方法,培养解决问题的能力。在高中数学混合式学习资源的应用研究中,学生通过自主整理错题,能更好地发现学习不足,有助于提高学习效率与成绩。

学生将错题按章节整理,并结合高中数学混合式学习资源进行复习应用研究,对于提升学生数学学习的效果和质量具有重要意义。通过错题整理和混合式学习资源的应用,学生可以更好地理解和强化所学知识,提高解题能力和应试水平。这种个性化、多样化的学习方式有助于激发学生学习兴趣,培养解决问题的能力,推动数学学习的深化和发展。

（六）开设高中数学写作展览

开设高中数学写作展览,学生可以通过展示自己的数学思考和解题过程,展现数学思维和分析能力,激发学习兴趣和创新意识。在展览中,学生可以展示他们的解题思路、证明过程、数学推理等,从而展现数学学习的魅力和深度。通过参与这样的展览活动,学生可以在展示和交流中相互学习、共同探讨,促进数学学习氛围的建立和发展。结合高中数学混合式学习资源应用研究,展览活动也可以引入数字化展示方式,将学生的数学作品以多媒体形式呈现,提升展览效果和观赏性,激发更多学生对数学学习的兴趣和热情。

开设高中数学写作展览,可以为学生提供一个展示自己数学思维和学习成果的平台,鼓励他们主动思考、勇于探索。学生能够通过创作数学论文、阐述解题步骤等方式,来展现他们的数学学习成就和独到的观点,从而增强交流与互动。此外,这些展览活动还能帮助教师全方位地掌握学生的学习状态,并能够有针对性地引导他们的学习,从而提升教学的效果。结合混合式学习资源,展览活动还可以借助在线平台进行展示与交流,让更多学生参与其中,扩大展览的影响力和覆盖面,推动数学学习方式的创新和优化。

二、高中数学混合式学习资源应用案例

(一)混合式学习模式下资源开发与应用教学案例——以"斐波那契数列"为例

据何克抗教授所言,混合式学习旨在把传统学习的有效成果与在线学习的有效技术相融合,以激发学习者的学习热情、激励他们的学习行为,并让他们在学习的同时,能够更好地参与到学习的全部环节中。

"斐波那契数列"是高中数学文化教学中的一个典型案例,该数列的发现、发展过程极其复杂,生硬、抽象的数学知识让很多学生的认知能力都面临较大的挑战。教学中有必要融入生活或其他领域中斐波那契数列的相关案例,丰富的图片和动画视频可以给学生视觉上的冲击,提升学生探索新知的欲望。斐波那契数列的递推关系、通项公式、性质的探究需要做大量的运算、推理、猜想,单纯依靠人工计算费时耗力,可以充分利用网络精准的计算和作图工具协助教学,让学生获得更多的活动体验,这样得到的知识与方法才能转化为认识世界的智慧,有利于发展学生探究能力和培养理性精神。

以学生的"阅读成果"及"阅读质疑"为前提进行设计,充分利用多媒体网络机房的优势,根据学习需求,开发一定的学习资源,以提高学生的"反思、求解、实证"等高阶思维能力,并拓展他们的视野。整个学习过程中学生经历了"自主阅读—提出问题—质疑思辨—合作交流—编题创作"等一系列混合式学习活动,培养了自主学习能力和解决问题的能力。

1. 学习内容分析

(1)内容分析

"斐波那契数列"这一主题位于高中数学人教 A 版的选择性必修第二册第四

章第一节"数列的概念"之后,它是对教材主题的一种补充。这一节课融合了知识、科学、趣味和教育的元素,其篇幅精简、内容独特,并具有很高的实际应用价值。

（2）目标分析

本节内容旨在使学生深入理解斐波那契数列及其前 n 项和的相关性质,拓宽知识视野,激发学生思考与探究的兴趣,增强学生应用数学的能力,最终达到数学素养的全面提升。

（3）学情分析

尽管高二的学生有了一些实际运用的观念和创造性,但由于他们对数列的了解并不深入,他们的数列处理的基础策略和技巧使他们的运用略显笨拙。因此,我们推荐这堂课的时间设置在掌握了等差、等比数列的基础知识之后,这样他们就可以运用这些数列的基础概念来解答问题。我们还有机会在真实的问题环境下,探索出数列内部的等差和等比性质。为了让学生获得更多的实践经历,教师有可能会创建相应的学习材料来支持教育（参见表 4-1）。

表 4-1　资源开发任务与分工

资源类型	具体呈现形式	开发者
预习任务单	文本	教师
预习视频	超链接	教师
文化背景资源	超链接	教师
斐波那契数列生成	EXCEL 程序	教师
核心例题	文本	教师
例题配套动画演示	微视频、GeoGebra 课件	教师
问题清单	文本	学生
斐波那契数列通项公式	微视频	教师
创新题目	文本	学生
创新解答	图片	学生
数学写作	文本	学生

2.学习路径的设计与实施

（1）课前预习

基于问题驱动教学模式,引导学生带着问题阅读教材,并完成预习任务单。我们可以指导学生以问题为核心,进行自由探索,让他们清楚地了解"我要做什么、要解决什么,我有什么收获"。以创新的教育模式,鼓励学生从实际情况出发,探索新的解决方案,而非仅仅停留在传统的课堂上。我们致力于制定出最佳的课程解决方案,以便让学生能够从信息的洪流中汲取最大的智慧。我们会关注并尊重不同的学生,努力培养他们的创新能力,让他们能够从不同的角度去理解、接受、应用,从而真正掌握数学的基本概念,并且培养他们的综合能力,从而达成良好的教育效果。

表 4-2　预习任务单

阅读任务	普通高中教科书《数学选择性必修第二册》(人民教育出版社 A 版)第 10-11 页,"阅读与思考",利用互联网、图书馆查找收集资料,并阅读相关文献。
阅读目标	了解数学家斐波那契的背景,斐波那契数列 $\{F_n\}$ 满足等 $F_1^2 + F_2^2 + ... + F_n^2 = F_n \cdot F_{n+1}$,如何利用几何图形呈现这个等式?并尝试证明该等式。 认识"斐波那契螺旋"弧线,思考什么是"黄金比例螺旋"?并探究它们之间存在的关系。 关于斐波那契数列的性质,你还有其他发现吗?
阅读收获	
阅读质疑	

(2)课中探究

环节 1:创设情境,问题导入

为了增强学生对斐波那契数列与黄金分割的完整感知,实行素养引导、演绎定位、文化引导、应用落实的"四位一体"教学内容设计,引入网络视频资源《算盘书》中"兔子繁殖问题",实行历史文化信息线索和提问引导的交互式、启迪式、探索式、体验式教学法。

设计意图:数学学文化的涉及面非常广泛,网络是获取情境素材的"宝库",根据教学内容,教师选择适宜的数学文化资料,采用生动直观的多媒体展示等方式,融数学文化于课堂情境创设,给枯燥的课堂注入活力,从而以数学文化引路,促使学生进行数学探索。

环节 2:盘点收获,质疑思辨

课前,学生已经通过预习对斐波那契数列和黄金分割的基本概念有所认识和了解,而在课堂上,他们更是通过互动交流来展示自己的阅读成果,并且解答质疑。

收获 1：谈谈意大利数学家斐波那契生平及主要成就。

收获 2：斐波那契数列在兔子繁殖问题中的规律。

收获 3：用符号语言表达兔子繁殖规律。

收获 4：猜想斐波那契数列的性质。

质疑（如表 4-3 所示）：

表 4-3　问题清单

质疑 1	什么是"斐波那契螺旋"弧线？"黄金比例螺旋"呢？
质疑 2	如何理解"斐波那契螺旋"弧线与"黄金比例螺旋"弧线之间的形状会越来越接近？
质疑 3	斐波那契数列与斐波那契螺旋弧线有哪些具体的应用？
质疑 4	斐波那契数列的性质 $F_1^2 + F_2^2 + ... + F_n^2 = F_n \cdot F_{n+1}$ 如何推导？
质疑 5	依据所学知识,如何由递推公式推导出斐波那契数列的通项公式？

设计意图：为了学生能更好地理解数学文化，让学生自主归纳、总结预习的收获和疑惑，注重数学语言能力的培养。数学文化的传播以世界通用的数学语言为媒介。数学语言使数学的表达变得简洁、易懂。教学中通过数学语言描述的数学知识，使学生在理解其严密性的同时，体验数学学科的简洁美，感受数学的伟大之处。

环节 3：资源应用，实践操作——性质猜想

学生按照教师的指示操作 EXCEL 程序生成斐波那契数列：首先在 EXCEL 单元格 A1 和 A2 分别输入数字"0"和数字"1"，选择单元格 A3，然后输入公式"=A1+A2"，把鼠标移到该单元格的右下角，直到出现"+"，然后松开鼠标左键，往右拖动到指定的单元格，松开左键便生成一个横向的斐波那契数列。设计程序依次生成相邻的前后两项之比，归纳猜想随着 n 的增大，比值的变化趋势；同样，设计程序依次生成相邻两项的平方和，探索猜想得到的结果的运算规律。

借助信息技术动态演示用图形表示等式：$F_1^2 + F_2^2 + ... + F_n^2 = F_n \cdot F_{n+1}$，归纳猜想并证明，利用图形表示这个等式，发展学生直观想象数学核心素养，并以此引出斐波那契螺旋，是与黄金分割关联的重要衔接点。借助信息技术动态演示，将"斐波那契螺旋"与"黄金比例螺旋"转化为可视化的图像，通过形状的高度接近，感知斐波那契数列中所蕴含的黄金分割美，激发学生主动探究与思考斐波那契螺旋

的外矩形的宽长比 $\dfrac{F_n}{F_{n+1}}$,借助教师引导帮助,立足通项公式与极限思想解释其数学原理。

设计意图:学生独立思考、感悟,应用 EXCEL 程序经历了"实验—观察—猜想—证明"的探究过程,从中获得"如何思考"的体验,这样得到的知识与方法才能转化为认识世界的智慧,有利于发展学生探究能力和培养理性精神。

环节 4:合作探究,课堂展示——性质推导

在教师的引导下小组合作。通过不断的探索、实践、归纳和总结,完善证明过程,以获得更好的结果。

引导学生从等式 $F_1^2 + F_2^2 + ... + F_n^2 = F_n \cdot F_{n+1}$ 的图形表示中发展出斐波那契螺旋弧线,并将斐波那契螺旋与黄金比例螺旋叠放一起对比,由形的角度直观想象斐波那契数列与黄金分割的关联。要解释为什么比值会随着 n 的增大而趋近黄金分割比,这是本节课的一个难点,是学生独立思考无法逾越的障碍。通过微视频待定系数法求解斐波那契数列通项公式,引导学生按照思维的一般规律,在比较复杂的情境中把握事物之间的关联,将不熟悉的问题转化为熟悉的情境,通过构造等比数列解决问题,从而突破教学难点。

设计意图:从数的角度论证公式,在活动过程中,提升逻辑推理与数学运算核心素养,同时在证明的过程中提升学生的思维品质,让学生从感性的发现上升到理性的认识。这一环节,证明斐波那契数列的性质用到了累加法和裂项相消法,求数列通项公式用到待定系数法,综合本单元学过的方法、题型,及时归纳总结。

环节 5:层层递进,拓展深化——性质应用

斐波那契数列在生活中有着极其广泛的应用,要引导学生用数学的方式观察、思考、表达世界。本环节中,教师针对斐波那契数列的概念和性质开发了一定的创新题目,配套 GeoGebra 动画演示,由学生限时完成。

自编题目 1:斐波那契数列在自然界的体现

某景区在 2023 年引进一种新型树苗,已知一棵树苗一年后长出一条新枝,新枝成长一年后变为老枝,老枝每年都长出一条新枝,以后每条树枝都遵循这样的规律,于是第一年只有一个主干,第二年有两个条,第三年三条,第四年五条,以此类

推。设 a_n 为种植第 n 年树苗的枝数,若 $a_2 + a_4 + a_6 + a_8 + a_{10} = a_k - a_1$,则 $k =$ _____。

自编题目 2:斐波那契数列在生活的体现

两位同学玩跳格子的游戏,假设有 n 个格子,每次跳一格或者两格,设跳到第 n 个格子有 a_n 种不同方法,则 $a_{20} =$ _____.

设计意图:围绕生活中的问题精心设计变式练习,让学生在变式练习中加强对斐波那契数列性质的应用,体会数学文化的应用价值。但需注意生活化问题不应太烦琐以致学生理解困难。

环节 6:归纳总结,作业布置

通过教师的指导和学生的合作交流,我们可以对整个学习过程进行总结,并从中提炼出有价值的信息。总结探究的过程、思路及方法,获得知识、能力及意志力的共同进步,建构完整的认知结构,培养学生提炼、总结、概括的能力。

A 层:上网查阅资料,对斐波那契数学性质再探究,将发现写成小论文;B 层:结合本单元学习目标,总结归纳某个题型或者某个方法;C 层:针对本节课学习内容梳理自己的学习心得。

设计意图:以拓展为目标,将数学文化的价值融于课后作业设计。鼓励学生充分利用网络查阅资料,集自己的所思、所想、所感、所悟为一体完成作业。选取优秀作品上传到班级学习平台,实现对数学文化资源的共享。

3. 教学建议:

信息技术与课程深度融合是中国教育信息化发展思路的核心。在以上混合式学习的实践中,学生借助教学视频直观感知文化背景,借助 EXCEL 程序、软件绘图的动态功能体验知识的生成,从视觉和听觉两个角度感受数学文化的魅力。在这种学习模式下,网络学习资源和自主开发资源交互应用,学生有更多自主探究的空间,从单一的知识消费者转变为自我知识的建构者、他者学习的帮扶者,非正式学习与正式学习的边界逐渐消融。当然,因为整个实践还处于初步探索阶段,还需要不断地优化改进。

(1)资源开发与应用融入文化教学

教材编写建议中明确提出:教材应当把数学文化融入学习内容中,可以适当地介绍数学和科学研究的成果,开拓学生的数学视野,激发学生的学习兴趣与好奇心,培养学生的科学精神。高中数学很多章节,包括教材后的阅读材料,比如人教 A 版选择性必修第三册 81 页探究与发现——《二项分布的性质》等,这些内容外延广阔,知识点晦涩难懂,加上教师对数学文化涵盖的数学史、数学美及数学思想方法有所欠缺或资源不足,造成了数学文化在融入实际教学可能会面临一定的困难。教学中,除了在知识引入、知识生成上我们开发一定的辅助学习的指导性学习资源,我们还有必要针对数学在生产生活、人类文明中的影响和作用展开问题研究,编制核心例题将数学文化融入教学,让原本枯燥乏味的知识变成增长见闻的拓展活动,从而达成数学文化与数学教学相融的目标。

（2）学生参与数学课程资源开发

在新课程实施过程中,学生不仅是课程资源的使用者,也是它们的创造者。教师应该意识到学生作为课程资源开发者的潜质和可能性,加强他们对资源的认识,培养他们的协作精神,积极引导学生参与课程资源的开发和利用。在学生参加学习的时候,可能会出现一些较为新颖的解决方案、先进的见解、典型的失误等,这些都是切合学生自身实际的有价值的学习资源。混合式学习模式下,教师可以考虑帮助学生搭建线上学习平台,构建学习共同体,促进资源共享和经验分享,丰富他们合作学习的体验。

在教学中,资源开发与应用是师生互益、教学相长的一种教学活动,因此,在教学过程中,教师必须提高自身的职业素质,提高自身的理论水平,以确保自身具备引导学生的能力。在教学过程中,注重对学生创造性思维的发展,对他们在学习过程中遇到的一些问题,要及时做出正确的判断。在课堂之外,在布置一项新的教学实践或活动时,一定要结合不同层次的学生需求安排不同难度的学习任务,让每个学生都能学有所成,学有所获。

（二）混合式学习模式下高中数学错题资源的开发与应用

在高中数学学习中,大部分学生都会出现同一个错误反反复复,同一个题型时会时不会等现象,这些现象的原因不外乎知识吃不透,思考不深入。实际上,无论教师还是学生都已经普遍意识到这个真实反映学生数学学习情况、可以直接减少同类型错误的错题资源对学习起到的积极作用,尽管如此,他们未能有效实行相应的对策或管理手段,反而将焦点集中于新问题的解决之上。《普通高中数学课程标准》中指出落实核心素养的关键是在高中数学教学活动中启发学生学会数学思考,引导学生会学数学、会用数学。反思和回顾在数学教育过程中扮演着核心角色,构建和完善各类数学解题技巧及策略的同时,恰当地将错题资源视作珍贵的学习资源,将其融合进教学资源的整合与利用之中,可以视作进一步促进高中数学教学质量提升的新颖途径。

1. 错题资源概念界定

学生在知识建构过程中存在认识偏差和负迁移,所以产生错误是难免的。哪些题目可以视为错题?很多师生把其定义为做错的题目。这个定义的"错"是最直接的"犯错",范围比较狭隘,事实上,有些题目做对只是一种巧合,或者做对了也无法给出合理的解释,这也属于错题。所以,在错题概念的界定上,我们把能够明显看出与答案不符的错题,称为显性错题;蒙对或者对答案模棱两可的题目,则称为隐性错题。

2. 错题资源的开发

最宝贵的练习并非出自专家之手,而是我们自己答非所问之题。就目前高中学习的状况来说,每天完成作业的时间都非常紧张,每一门学科在一天中出现的显性和隐性错题挨个整理也不现实,对于基础薄弱的学生来说错题可能比会做的题还要多。据调查,基础越弱的学生越缺乏错题纠错的主动性,成绩优异的学生虽有纠错的行为体现,但还是欠缺对错题反馈的知识短板或者对错题价值的深度挖掘,所以笔者认为错题收集方面要加强教师的辅助功能。根据题目出错涉及的人员分析,将错题分为"个性错误"和"共性错误",个性错误集中在一部分同学粗心、对个别知识点理解不到位导致的出错,这种错误因人而异,需要靠学生自行整理;共性错误是整体错误率较高,在课堂面对面授课和作业批改中体现出来的共同的错误和不足,这部分资源对教学具有很高的指导意义,学习中要充分发挥这些错题资源的价值,实现对错题资源利用的最大化。

(1)错题收集

错题就像顽疾,反复且不容易治愈。经常是今天出错,明天遇到同一个类型的变形又出错,所以要将众多错题中的同类型或者是同一知识点考核的错题串成一条线,让学生横向地了解这类题的常见错误,学会知识之间的融会贯通和相互联系。例如,在人教 A 版选择性必修第一册第二章《直线与圆的位置关系》中,与切点弦相关的问题屡见不鲜,领悟不透的学生容易"栽跟头"。如下两个例题,虽然条件中直线和圆的方程有所改变,但实质都是考查点到直线的距离最小。

例1.已知点 P 为直线 $l:3x-4y+12=0$ 上的一点,过点 P 作圆 $C:(x-3)^2+(y-2)^2=1$ 的切线 PM,切点为 M,则切线长 $|PM|$ 的最小值为(   )

A. $\dfrac{12}{5}$ B. $\dfrac{13}{5}$ C. $\dfrac{\sqrt{170}}{5}$ D. $\dfrac{\sqrt{194}}{5}$

例2.已知点 $P(x,y)$ 是直线 $3x+y-7=0$ 上的一点,过点 P 作圆 $C:x^2+y^2+6x-2y+1=0$ 的两条切线,切点分别是点 A,B,则四边形 $PACB$ 的面积的最小值为(   )

A. $\dfrac{9\sqrt{3}}{4}$ B. $\dfrac{9\sqrt{6}}{2}$ C. $\dfrac{9\sqrt{3}}{2}$ D. $\dfrac{9\sqrt{6}}{4}$

对于出错率较高的题目分层、分类建立错题电子档案,根据题目难易度分别建立 A 层、B 层、C 层错题资源库。在错题整理上可以借助微信小程序,比如"一本错题""错题帮"等,将错题扫描去除痕迹,按照"错题编号 + 知识点"整理到错题库中。比如上述例1、例2这两道题难度一般,基础薄弱的 C 层学生出错率相对较高,可以入库到 C 层错题资源库,并编号 C1,C2……同样,难度系数比较高的可以编号 A1,A2……在日常教学中,学生有比较好的创新的解答,及时录制视频并编码附在题目旁边,记录下学生学习的历程,有助于提升学生学习的积极性。

（2）错题重练

随着时间的推移会有不同的变化,在记忆最初阶段遗忘的速度比较快,之后,会逐渐地减慢,所以我们要选择最佳时间点进行高频错题的再练习。鉴于高中数学课程紧张,可在每周安排一节时长 45 分钟的数学上机测试。首先,教师从日常教学收集的错题中进行选题。其次,根据题目难易度,利用"问卷星"对 A、B、C 三个层次的学生分别组卷,设置"学生完成提交后显示答案"。这样一来,学生既能高效地完成对错题的纠错,又能利用平台数据查看学生作答情况。学生上机测试优势固然明显,但还需注意以下两点:一是,测试的严格规范,避免学生之间互相抄袭。所以,要提前设置好座号,三个层次的学生间隔排位置。二是,测试的时间和分数设置。为方便作答,上机测试基本以选择、填空为主,按照新高考选择填空 73 分时间控制在 40 ~ 50 分钟,对于这些错题,因为我们之前都有做过,所以如果测试时长是 45 分钟,那么测试题可以安排在 80 ~ 85 分。

（3）错题资源开发

各种问题的出现直接反映了这个阶段学生学习的问题,课堂和课堂的延伸不但需要这些问题,而且需要将它们转化为鲜活的学习资源。通过相同类型错误的比对分析,给学生创造了第二次反思的机会,促进学生的深度学习。学生通过"问卷星"答题,系统后台对每个题目的正确率都有详细的数据统计,根据统计可以划分出三个层次,50% 以下,50% ~ 85%,85% ~ 100%,对于正确率较低的题目有必要分析背后的原因。通过测试我们发现填空题和多选题正确率偏低,填空题猜测的成分少答对的可能性小是自然的,对于多选题,多选和漏选都会影响正确率,这说明学生可能只是对于某个选项产生疑惑,可以只针对某个选项展开错因分析。

3.错题资源应用

（1）建立线上错题资源库

基于国家中小学智慧教育平台建立班级群,并邀请班级成员加入,形成班级学习共同体。通过该平台,把线下学习中开发的微专题、变式练习及学生创新解答按照教材章节分类上传共享,初步建立了线上错题资源库。学生在线下学习时,可以借助在线学习平台,对自己的错题集做出补充和整理,这样不仅可以满足学生个性化学习的需求,还可以丰富自己的学习资源;在线下复习时可以参照错误的题目,有针对地练习变式,从而提高复习的效率。借助在线学习平台,教师还可以给学生发送相关章节的视频教学和习题讲解,帮助学生理解和强化知识点,通过实例讲解和示范来澄清疑惑和加深理解。

（2）形成多元学习效果评价方案

多元的形成性评价是伴随学习过程持续进行的评价。该方法重点审视的是学习过程中,除了可以衡量的知识和技能等因素之外,对于学习热情、心态、应对手段、团队协作等难以计量的素质进行评估。线上错题资源应用效果的评价要体现评价主体的多元性和评价形式的多样性。除了线上错题测试,还要考虑学生参与错题资源开发活动、小组学习活动所表现的兴趣、态度和交流能力,定期开展访谈评价、错题笔记评价、学习成果档案评价等多种评价形式,使对学习过程和学习结果的评价达到和谐统一。首先,学生本身就是评价的实施者,所以应该鼓励学生主动地去实施自我评价。学生的自评主要基于其自我觉察和感知,旨在激励学生对个人学习的深思熟虑,同时培育其独立学习及自我提升和成长的能力。其次,当学生在评估别人时,他们同时也在与他人学习和沟通,这有助于他们判断自我评估的正确性,并且可以就彼此的学习发展提供建议,能够更加明确自己的长处与短板。

第五章　教学技术与工具

第一节　当前教育技术的应用

一、在线测评与考试

通过互联网和数字技术,在线测评与考试不仅改变了传统的测评方式,还极大地提升了教学和学习的效率与效果。

在线测评与考试平台的出现,使学生可以随时随地进行测评,打破了时间和空间的限制。这种灵活性极大地方便了学生,尤其是对于那些需要频繁练习和测验来巩固知识的学生。学生可以在家中或任何有互联网连接的地方进行考试,无须到特定的教室或考试中心,这为学习和考试提供了极大的便利。在线测评系统通常会根据学生的答题情况即时给出反馈,这种即时反馈可以帮助学生及时发现和纠正错误,极大地提高了学习效率。

在高中数学课程中,在线测评平台能够提供多种题型,包括选择题、填空题、判断题和主观题等,满足不同的测评需求。通过这些多样化的题型,教师可以全面考查学生的知识掌握情况和应用能力。例如,在函数和方程的教学中,选择题和判断题可以用于考查学生对基本概念的理解,而填空题和主观题则可以用于评估学生的计算能力和解题思路。通过不同题型的综合测评,教师可以更全面地了解学生的学习情况,有针对性地进行辅导和教学调整。

在线测评与考试平台通常具有自动评分功能,这大大减轻了教师的工作负担。传统的纸质考试需要教师手工批改试卷,耗时费力,且容易出现主观误差。在线测评系统则能够自动评分,确保评分的客观性和准确性。对于选择题、填空题和判断题等客观题型,系统可以通过预设答案进行自动评分,对于主观题型,系统可以提供评分建议,辅助教师进行评分。此外,系统还可以生成详细的成绩报告,帮助教师全面分析学生的学习情况。这些成绩报告不仅包括每个学生的总成绩和各题的得分情况,还可以显示学生的答题时间和错误率等详细数据,为教师的教学提供有力的支持。

在线测评与考试平台还可以根据学生的答题情况提供个性化的学习建议。这种个性化的学习支持对于高中数学学习尤为重要。数学是一门逻辑性强、知识点多且难度较大的学科,学生在学习过程中常常会遇到各种各样的困难。在线测评系统通过分析学生的答题数据,识别学生的薄弱环节,可以提供有针对性的学习建议和补救措施。例如,如果系统发现某个学生在函数的图像问题上表现不佳,可以推荐相关的学习资源和练习题目,帮助学生进行针对性练习和提升。通过这种个性化的学习支持,学生可以更有效地克服学习中的困难,逐步提高数学成绩。

在线测评与考试平台的应用不仅有助于学生的学习和提升,还可以促进教师的教学改进。通过在线测评系统,教师可以获得大量的教学数据,这些数据对于教学改进具有重要的参考价值。例如,系统可以统计全班学生在某一知识点上的掌握情况,帮助教师发现教学中的薄弱环节和改进方向。如果系统发现大多数学生在某一题型上都存在问题,教师可以针对这一题型进行专项讲解和练习,帮助学生突破学习难点。此外,系统还可以根据学生的测评数据生成教学建议,帮助教师优化教学计划和教学策略,提高教学效果。

在线测评与考试平台的安全性和公平性也是其重要的优势之一。在传统的考试中,监考和防作弊是重要的环节,而在线测评系统可以通过技术手段有效防止作弊行为。例如,系统可以通过摄像头监控学生的考试过程,检测异常行为并报警;还可以通过随机排列题目和选项,防止学生之间相互抄袭。此外,系统还可以记录学生的答题时间和操作轨迹,确保考试的公平性和公正性。通过这些技术手段,在线测评与考试平台可以有效保障考试的安全性和公平性,提高考试的可信度和有效性。

在线测评与考试平台还可以支持多种形式考试,包括单次测评、阶段性测评和持续性评估等,满足不同教学环节的测评需求。在单次测评中,系统可以通过一次测试全面评估学生的知识掌握情况,适用于期中考试、期末考试等阶段性测试;在阶段性测评中,系统可以通过多次测试跟踪学生的学习进度和提升情况,适用于单元测试、章节测试等日常测评;在持续性评估中,系统可以通过日常练习和测评积累数据,进行持续性的学习评估,适用于日常作业、课堂练习等过程性评估。通过这些多样化的测评形式,教师可以全面、动态地了解学生的学习情况,进行有针对性的教学指导和改进。

在线测评与考试平台的应用不仅改变了学生的学习方式,也改变了教师的教学方式。在传统的教学中,教师需要花费大量时间和精力进行试卷批改和成绩分析,而在线测评系统可以自动完成这些工作,极大地减轻了教师的负担,使教师可以有更多的时间和精力投入到教学研究和学生辅导中去。例如,教师可以通过系统生成的成绩报告,深入分析学生的学习情况,制订个性化的辅导计划;还可以通过系统提供的教学建议,优化教学设计和教学策略,提高教学效果。此外,教师还可以利用在线测评与考试平台提供的教学资源和工具,进行教学创新和实验,提升教学质量和教学效果。

在线测评与考试平台的应用还促进了学生的自主学习和自我管理能力。通过在线测评系统,学生可以自主安排学习和测评时间,根据自己的学习进度进行个性化学习和练习。例如,学生可以在课后自主进行在线练习,及时巩固课堂上所学的知识;还可以在考前进行模拟测试,检验复习效果和查漏补缺。通过这种自主学习和自我管理的方式,学生可以更加主动地参与到学习中来,提高学习的主动性和积极性。此外,在线测评系统还可以通过积分、排名等激励机制,激发学生的学习动力和竞争意识,促进学生的学习提升和进步。

在高中数学课程中,在线测评与考试平台的应用还可以支持教师进行教学研究和教学改进。通过在线测评系统,教师可以收集和分析大量的教学数据,这些数据对于教学研究和教学改进具有重要的参考价值。例如,教师可以通过数据分析,发现和总结学生在学习过程中常见的错误和问题,进行有针对性的教学改进;还可以通过数据比较不同班级、不同学生群体的学习效果,探索和优化教学策略和教学方法。此外,教师还可以利用在线测评与考试平台提供的数据分析工具,进行教学实验和教学研究,验证和推广新的教学模式和教学方法,提升教学质量和教学效果。

在线测评与考试平台的应用不仅限于学生和教师,还可以为学校和教育管理者提供重要的数据支持和决策参考。通过在线测评与考试系统,学校和教育管理者可以全面了解学生的学习情况和教师的教学效果,进行科学的教育管理和决策。例如,系统可以生成学校和班级的学业水平报告,帮助学校评估教学质量和改进方向;还可以通过数据分析,发现和解决教育教学中的问题,提升学校的整体教育水平和教学质量。此外,在线测评系统还可以支持教育管理者进行教育政策和教育改革的研究和实践,推动教育的创新和发展。

在线测评与考试平台的应用正在深刻地改变高中数学课程的教学方式,通过先进的技术手段,提高了测评的效率和效果,促进了学生的学习提升和教师的教学改进。随着教育技术的不断发展和创新,在线测评与考试平台将继续发挥重要作用,为高中数学教学注入新的活力和动力。

二、互动学习平台

这些平台通过先进的技术和多样化的功能,为学生和教师提供了丰富的资源和便捷的工具,极大地提升了教学效率和学习效果。

互动学习平台如 Moodle、Google Classroom 和 Edmodo 等,提供了一个集成化的学习环境。教师可以在平台上发布课程资料、布置作业和安排测验,学生则可以随时访问这些资源,完成学习任务。这种集成化的管理方式,不仅简化了教学过程,还使教学资源的分发更加高效。例如,在讲解函数与其图像的关系时,教师可以在平台上上传视频讲解、课件和练习题,学生可以根据自己的学习进度灵活安排学习时间,反复观看讲解视频,逐步加深对知识点的理解。

互动学习平台的一个显著特点是其强大的互动功能。学生在学习过程中难免会遇到疑问和困难,通过互动学习平台,学生可以即时向教师提问,获得及时的解答。这种即时互动不仅提高了学习效率,还增强了学生的学习兴趣和积极性。例如,教师在讲解复杂的数学定理或解题技巧时,学生如果有不理解的地方,可以通过平台的讨论区或即时通信工具向教师请教,教师可以实时解答学生的疑问,帮助学生克服学习中的难点。

合作学习是互动学习平台的一大亮点。数学学习中,学生间的合作与交流能够有效促进理解和应用。互动学习平台通过提供在线协作工具,使学生能够在虚拟环境中进行合作学习。学生可以在平台上共同完成项目、分享学习心得、讨论解题思路。例如,在进行数学建模项目时,学生可以分组进行研究,通过平台的协作工具共同编辑报告、制作演示文稿、交流研究进展。这种合作学习方式,不仅培养了学生的团队合作能力,还提高了他们的数学应用能力和创新能力。

互动学习平台还提供了丰富的多媒体教学资源,这些资源能够帮助学生更直观地理解数学概念。传统的数学教学主要依赖于黑板和教材,内容较为枯燥,而互动学习平台则可以通过视频、动画和交互式图表等多媒体资源,使教学内容更加生动形象。例如,在讲解几何体的性质时,教师可以通过平台播放三维动画,展示几何体的形状和结构,学生可以通过旋转和放大动画中的几何体,更加直观地理解其性质和特点。这种多媒体教学资源的应用,不仅提升了教学效果,还极大地激发了学生的学习兴趣。

个性化学习是互动学习平台的另一重要功能。每个学生的学习进度和理解能力不同,互动学习平台通过数据分析和人工智能技术,能够为每个学生提供个性化的学习路径和资源推荐。例如,平台可以根据学生的学习情况,自动推荐适合的练习题目和补充资料,帮助学生在自己的节奏下进行学习。学生可以根据平台的推荐,有针对性地进行练习和复习,逐步提高自己的数学水平。通过这种个性化的学习支持,学生可以更加高效地掌握知识,提升学习效果。

在线测评是互动学习平台的一项重要功能,能够帮助教师及时了解学生的学习情况,并进行有效的教学调整。教师可以在平台上布置在线测验,学生完成测验后,系统会自动评分并生成详细的成绩报告。通过这些成绩报告,教师可以全面了解每个学生的知识掌握情况,发现他们在学习中的薄弱环节。例如,如果某个班级在某一知识点上的整体表现不佳,教师可以根据测评结果,调整教学计划,进行有针对性的讲解和练习。这种在线测评和数据分析功能,不仅提高了教学的科学性和针对性,还极大地减轻了教师的工作负担。

互动学习平台还可以支持教师进行教学创新和实验,通过平台提供的各种工具和资源,教师可以尝试新的教学方法和教学模式。例如,教师可以在平台上开展翻转课堂教学模式,学生在课前通过平台自主学习新知识,课上则主要进行问题讨论和实践活动。这种教学模式能够更好地发挥学生的主体作用,提高他们的自主学习能力和问题解决能力。通过互动学习平台,教师还可以开展混合式教学,将传统课堂教学与在线教学相结合,优化教学设计,提高教学效果。

互动学习平台在教师专业发展方面也发挥着重要作用。教师可以通过平台参加在线培训和研讨会,学习最新的教育理论和教学方法,提升自己的专业水平。例如,许多教育平台提供免费的在线课程和教学资源,涵盖了教育技术应用、教学设计和课堂管理等方面的内容,教师可以根据自己的需要选择适合的课程进行学习。此外,教师还可以在平台上与同行进行交流和分享,互相学习和借鉴,共同提高教学水平。通过这些在线培训和交流活动,教师可以不断更新知识,提升教学技能,更好地服务于学生的学习。

互动学习平台的应用不仅限于学生和教师,还可以为学校和教育管理者提供重要的数据支持和决策参考。通过平台收集的教学数据,学校和教育管理者可以全面了解教学效果和学生的学习情况,进行科学的教育管理和决策。例如,平台可以生成学校和班级的学业水平报告,帮助学校评估教学质量和改进方向;还可以通过数据分析,发现和解决教育教学中的问题,提升学校的整体教育水平和教学质量。此外,互动学习平台还支持教育管理者进行教育政策和教育改革的研究和实践,推动教育的创新和发展。

在高中数学课程中,互动学习平台的应用还可以支持教师进行个性化教学,通过平台提供的个性化学习支持和数据分析,教师可以根据每个学生的学习情况,制订个性化的教学计划和辅导策略。例如,平台可以根据学生的学习数据,生成个性化的学习报告,帮助教师全面了解学生的学习情况和薄弱环节。教师可以根据这些报告,有针对性地进行辅导和教学调整,满足每个学生的个性化学习需求。此外,教师还可以通过平台提供的教学资源和工具,进行个性化的教学设计和教学实验,提高教学效果和教学质量。

互动学习平台还可以通过积分、排名等激励机制,激发学生的学习动力和竞争意识。学生在完成学习任务和测评后,可以获得相应的积分和奖励,通过这些激励机制,学生可以更有动力地参与到学习中来。例如,平台可以设立学习积分排行榜,学生可以通过努力学习和积极参与活动,提升自己的积分和排名。这种竞争机制不仅提高了学生的学习积极性,还促进了他们的进步。此外,平台还可以通过奖励制度,激励学生进行自主学习和合作学习,培养他们的学习兴趣和主动性。

互动学习平台在学生自主学习和自我管理能力的培养方面也具有重要作用。通过平台提供的丰富资源和工具，学生可以自主安排学习和练习时间，根据自己的学习进度进行个性化学习和复习。例如，学生可以在课后通过平台自主进行在线练习，巩固课堂上所学的知识；还可以在考前通过平台进行模拟测试，检验复习效果和查漏补缺。通过这种自主学习和自我管理的方式，学生可以更加主动地参与到学习中来，提高学习的主动性和积极性。此外，互动学习平台还可以通过数据分析，帮助学生了解自己的学习情况，制订合理的学习计划和目标，提高学习效率和效果。

通过应用互动学习平台，教师可以更好地开展多样化的教学活动，提升课堂教学的互动性和参与性。例如，教师可以通过平台组织在线讨论和互动问答，学生可以在讨论区发表自己的看法和见解，与同学和教师进行交流和探讨。通过这种互动活动，学生可以在讨论中加深对知识的理解，培养批判性思维和问题解决能力。此外，教师还可以通过平台组织在线测评和竞赛，学生可以通过参与这些活动，检验自己的学习成果，提升学习兴趣和动力。通过这些多样化的教学活动，教师可以更好地激发学生的学习热情，提高课堂教学效果。

互动学习平台在高中数学课程中的应用，不仅改变了传统的教学方式，还为学生和教师提供了更加丰富和便捷的学习和教学工具。应用这些平台，学生可以更加主动和高效地进行学习，教师可以更加灵活和科学地进行教学，学校和教育管理者可以更加全面和精确地进行教育管理和决策。随着教育技术的不断发展和创新，互动学习平台将在高中数学教学中继续发挥重要作用，为教育的现代化和智能化发展注入新的动力。

三、数学软件与工具

在高中数学课程中，数学软件与工具的应用尤为显著。这些工具通过先进的技术和多样化的功能，为教师和学生提供了强大的支持，极大地提升了教学效率和学习效果。

数学软件如 GeoGebra、Desmos 和 MATLAB 等，为学生提供了直观且强大的计算和绘图功能。

GeoGebra 是一款集代数、几何、微积分等多种数学功能于一体的动态数学软件。通过 GeoGebra,学生可以实时绘制函数图像,观察参数变化对图像的影响,帮助他们理解复杂的数学概念。例如,在学习二次函数时,学生可以通过调整参数 a、b、c,观察二次函数图像的开口方向、顶点位置和对称轴的变化,从而更直观地理解这些参数对函数图像的影响。

Desmos 是另一款广泛应用的在线图形计算器,其强大的绘图功能和简便的操作界面,使其成为高中数学教学中的重要工具。学生可以在 Desmos 上输入函数表达式,立即生成相应的图像,通过拖动滑块实时调整参数,观察图像的变化。这种即时反馈的方式,有助于学生更快地掌握数学概念。例如,在研究三角函数时,学生可以通过 Desmos 绘制正弦、余弦函数图像,调整振幅、周期和相位,观察图像的变化过程,深入理解三角函数的性质和应用。

MATLAB 作为一款功能强大的数学建模和数据分析软件,被广泛应用于高中数学课程中的高级应用和研究。通过 MATLAB,学生可以进行复杂的数学计算和数据分析,建立数学模型,解决实际问题。例如,在统计学部分,学生可以使用 MATLAB 进行数据的回归分析和统计测试,探索数据背后的规律和趋势。这种实践性的学习方式,不仅提高了学生的数学应用能力,还培养了他们的科研思维和创新能力。

数学软件与工具还包括一些专门用于数学学习和练习的平台,如 Wolfram Alpha 和 Mathway。

Wolfram Alpha 是一款基于知识计算引擎的在线数学工具,学生可以在其中输入各种数学问题,获得详细的解题步骤和解释。这种即时解答的方式,有助于学生在自主学习中解决疑难问题。

Mathway 是另一款受欢迎的在线数学工具,支持从基础代数到高级微积分的各种数学问题解答。学生可以在 Mathway 上输入题目,系统会自动生成解答步骤和结果,帮助学生检查作业和复习巩固。

除了这些专门的数学软件,计算器也是高中数学课程中不可或缺的工具。科学计算器如 TI-84 和 Casio fx 系列,提供了强大的计算和绘图功能,广泛应用于课堂教学和考试中。通过科学计算器,学生可以进行复杂的算术运算、代数计算和函数图像绘制,帮助他们更高效地解决数学问题。例如,在学习指数函数和对数函数时,学生可以使用科学计算器计算指数和对数值,绘制相应的函数图像,观察其性质和变化规律。

数学软件与工具不仅为学生提供了强大的学习支持,也为教师的教学提供了便利。通过这些工具,教师可以更直观地讲解数学概念,设计互动性强的教学活动,激发学生的学习兴趣。例如,教师可以使用 GeoGebra 在课堂上演示函数图像的动态变化,通过调整参数实时显示图像的变化过程,帮助学生更直观地理解函数的性质和应用。教师还可以通过 Desmos 设计互动练习,学生在课堂上或课后完成这些练习,教师可以实时查看学生的作答情况,及时进行指导和反馈。

在合作学习和项目式学习中,数学软件与工具也发挥着重要作用。通过这些工具,学生可以在虚拟环境中进行合作学习,共同完成数学项目,分享学习心得和解题思路。例如,学生可以使用 MATLAB 进行数据分析和数学建模,通过在线协作工具共同编辑报告、制作演示文稿、交流研究进展。这种合作学习方式,不仅培养了学生的团队合作能力,还提高了他们的数学应用能力和创新能力。

数学软件与工具还在数学竞赛和考试准备中发挥着重要作用。通过这些工具,学生可以进行大量的练习和模拟测试,提高解题技巧和应试能力。例如,学生可以使用 Mathway 和 Wolfram Alpha 进行题目演练,检查解题步骤和结果,发现和纠正错误,提高解题的准确性和速度。教师还可以通过这些工具为学生设计模拟测试,帮助学生熟悉考试形式和题型,提高应试能力。

通过应用这些数学软件与工具,学生可以更加高效和深入地学习数学,教师可以更加灵活和科学地进行教学,极大地提升了高中数学课程的教学效果和学习体验。数学软件与工具不仅改变了传统的教学方式,还为学生和教师提供了丰富和便捷的学习和教学工具,推动了高中数学教学的现代化和智能化发展。

四、自适应学习系统

自适应学习系统在高中数学课程中表现出极高的效用。这些系统通过先进的数据分析和人工智能技术,能够根据学生的学习情况实时调整教学内容和难度,为每个学生提供个性化的学习体验,从而极大地提高了学习效果和教学效率。

自适应学习系统的核心是数据驱动的个性化学习路径。每个学生的学习能力和进度各不相同,传统的"一刀切"教学方法难以满足所有学生的需求。自适应学习系统通过收集和分析学生的学习数据,实时调整学习内容,确保每个学生都能在适合自己的节奏中学习。学生在完成每一个学习单元后,系统会根据他们的表现推荐下一步的学习内容和练习题,帮助他们逐步掌握知识。例如,在学习函数的性质时,学生可以根据自己的理解水平选择不同难度的练习题,通过不断练习和反馈,逐步提高自己的解题能力和理解深度。

这些系统还能够提供即时反馈和个性化的学习建议。学生在学习过程中遇到的困难和问题,可以通过自适应学习系统得到及时的反馈和指导。系统会根据学生的答题情况,提供详细的解题步骤和解释,帮助学生理解错误原因并掌握正确的解题方法。例如,学生在解一元二次方程时,如果出错,系统会显示详细的解题过程,并指出错误的具体环节,帮助学生纠正错误,掌握正确的解题技巧。这种即时反馈机制,不仅提高了学生的学习效率,还增强了他们的学习信心和积极性。

自适应学习系统在提高学生的自主学习能力方面也发挥着重要作用。通过这些系统,学生可以根据自己的学习进度和需求,自主安排学习计划和学习内容。这种自主学习的方式,有助于培养学生的自我管理能力和自主学习习惯。例如,学生可以在课后通过自适应学习系统进行额外的练习和复习,巩固课堂上所学的知识;还可以通过系统推荐的学习资源,扩展自己的知识面,提高学习的深度和广度。通过这种自主学习的方式,学生可以更加主动地参与到学习中来,提升学习的积极性和主动性。

自适应学习系统在提高教学效果和教学效率方面也具有显著优势。通过这些系统,教师可以全面了解每个学生的学习情况和进度,进行有针对性的教学指导和辅导。系统会生成详细的学习报告,帮助教师分析学生的学习数据,发现他们在学习中的薄弱环节和问题。教师可以根据这些数据,调整教学计划和教学方法,进行个性化的教学指导。例如,如果某个班级在某一知识点上的整体表现不佳,教师可以根据系统的分析结果,组织专项讲解和练习,帮助学生突破学习难点。通过这种数据驱动的教学方式,教师可以更加科学和高效地进行教学,提高教学效果和教学质量。

自适应学习系统还能够支持教师进行教学创新和实验。通过这些系统,教师可以尝试不同的教学方法和教学模式,探索和验证新的教学策略。例如,教师可以在系统中设置不同的学习路径和练习题,观察学生的学习效果,进行教学实验和研究。系统会提供详细的数据分析和报告,帮助教师了解不同教学方法的效果和优劣,优化教学设计和教学策略,提高教学质量和教学效果。通过这种教学创新和实验,教师可以不断提升自己的教学水平和专业能力,更好地服务于学生的学习需求。

在高中数学课程中,自适应学习系统的应用不仅限于课堂教学,还可以在课后辅导和考试准备中发挥重要作用。学生可以在课后通过自适应学习系统进行复习和练习,系统会根据他们的学习情况,推荐合适的练习题和复习资料,帮助他们巩固知识,查漏补缺。例如,在期末考试前,学生可以通过系统进行模拟测试,检验自己的复习效果,发现和解决问题。系统会生成详细的成绩报告,帮助学生了解自己的学习情况,制订合理的复习计划和目标,提高复习效率和考试成绩。

自适应学习系统在学生的学业评价和进度跟踪方面也具有重要作用。通过这些系统,学生可以随时了解自己的学习进度和知识掌握情况,进行自我评价和自我调整。系统会记录学生的学习数据,生成详细的学习报告,帮助学生全面了解自己的学习情况和发展方向。例如,学生可以通过系统查看自己的学习进度图表,了解自己对不同知识点的掌握情况和进步情况,制订合理的学习计划和目标。通过这种自我评价和自我调整的方式,学生可以更加主动和高效地进行学习,提高学习效果和学习成绩。

自适应学习系统还在教育公平和教育资源共享方面具有重要意义。通过这些系统,偏远地区和资源不足的学校也能够获得高质量的教育资源和个性化的学习支持。系统会根据学生的学习情况,推荐适合的学习内容和练习题,帮助他们提高学习效果。例如,在一些偏远地区的学校,学生由于缺乏优质的教育资源,学习效果较差。通过自适应学习系统,这些学生可以获得高质量的学习资源和个性化的学习支持,提高他们的学习效果和学业成绩,缩小教育差距,实现教育公平。

自适应学习系统在提高学生的数学应用能力和创新能力方面也具有重要作用。通过这些系统,学生可以进行数学建模和数据分析等实践活动,培养他们的数学应用能力和创新思维。例如,学生可以通过系统进行数据的回归分析和统计测试,探索数据背后的规律和趋势。系统会提供详细的分析报告和解释,帮助学生理解数据分析的原理和方法,应用数学知识解决实际问题。通过这种实践性的学习活动,学生可以提高自己的数学应用能力和创新能力,为未来的学习和发展打下坚实的基础。

应用这些自适应学习系统,学生可以更加高效和深入地学习数学,教师可以更加灵活和科学地进行教学,极大地提升了高中数学课程的教学效果和学习体验。自适应学习系统不仅改变了传统的教学方式,还为学生和教师提供了丰富和便捷的学习和教学工具,推动了高中数学教学的现代化和智能化发展。

五、虚拟现实与增强现实

虚拟现实(VR)与增强现实(AR)技术在高中数学课程中的应用,为传统教育带来了革命性的变化。这些技术通过创造沉浸式和互动式的学习环境,使抽象的数学概念变得直观且易于理解,极大地提升了学生的学习兴趣和参与度。

虚拟现实技术通过建立完全虚拟的三维环境,让学生能够身临其境地进行学习。学生戴上 VR 头显设备,可以进入一个完全沉浸的虚拟教室,甚至是一个虚拟的数学实验室。在这个环境中,学生可以操作虚拟物体,观察数学概念的动态演示。例如,在学习立体几何时,学生可以在虚拟环境中自由旋转和切割几何体,观察其内部结构和各部分之间的关系。这种互动式的学习方式,使学生能够从多角度、多层次理解复杂的几何概念,极大地增强了学习的直观性和趣味性。

增强现实技术通过将虚拟信息叠加在现实世界中,为学生提供了一个增强的学习环境。学生使用带有 AR 功能的移动设备或 AR 眼镜,可以在现实世界中看到虚拟的数学图像和模型。例如,在课堂上,教师可以通过 AR 应用将函数图像投射在教室的墙上,学生可以通过移动设备观察这些图像的变化过程,进行实时互动。在学习坐标几何时,学生可以通过 AR 眼镜看到三维坐标系中的点、线、面,理解空间几何的性质和关系。这种增强现实的学习体验,不仅提升了教学的互动性和生动性,还帮助学生更好地将数学知识应用到现实世界中。

虚拟现实与增强现实技术还能够支持个性化学习。每个学生的学习方式和节奏都不同,这些技术能够根据学生的学习需求,提供个性化的学习体验。例如,学生在虚拟环境中进行练习时,系统可以根据他们的表现,调整学习内容和难度,提供有针对性的反馈和指导。在增强现实环境中,学生可以根据自己的学习进度,自主选择学习内容和练习题,通过实时互动和反馈,提高学习效果和效率。这种个性化的学习支持,不仅帮助学生在自己的节奏中学习,还提高了他们的学习兴趣和积极性。

虚拟现实与增强现实技术还在数学竞赛和考试准备中发挥重要作用。学生可以通过这些技术进行大量的练习和模拟测试,提高解题技巧和应试能力。例如,学生可以在虚拟环境中进行数学竞赛的模拟演练,通过实时互动和反馈,检验自己的解题能力和速度。教师可以通过 AR 技术,为学生设计个性化的模拟测试,帮助他们熟悉考试形式和题型,提高应试能力和成绩。这种沉浸式和互动式的练习方式,不仅提高了学生的学习效率,还增强了他们的竞争意识和学习动力。

虚拟现实与增强现实技术在教师专业发展方面也具有重要意义。教师可以通过这些技术,提升自己的教学技能和教学效果。例如,教师可以通过 VR 培训课程,学习如何在虚拟环境中进行教学设计和课堂管理,掌握最新的教学方法和技术。通过 AR 技术,教师可以进行教学实验和研究,探索新的教学策略和模式,提高教学质量和效果。这种专业发展的支持,不仅提升了教师的专业水平,还促进了教育技术的创新和应用。

虚拟现实与增强现实技术在教育资源的共享和利用方面也具有显著优势。通过这些技术,偏远地区和资源不足的学校也能够获得高质量的教育资源和教学支持。例如,教师可以通过 VR 平台,进行远程教学和辅导,学生可以在虚拟环境中,与教师和同学进行互动和交流,享受高质量的教学服务。通过 AR 技术,学生可以在现实世界中,看到虚拟的教学资源和学习内容,进行实时互动和学习。这种教育资源的共享和利用,不仅提高了教育的公平性和普及性,还促进了教育资源的高效利用和优化配置。

虚拟现实与增强现实技术在提高学生的数学应用能力和创新能力方面也具有重要作用。通过这些技术,学生可以进行数学建模和数据分析等实践活动,培养他们的数学应用能力和创新思维。例如,学生可以通过 VR 技术,进行数据的回归分析和统计测试,探索数据背后的规律和趋势。通过 AR 技术,学生可以将数学模型应用到实际问题的解决中,进行创新设计和实验。例如,学生可以使用 AR 应用,设计一个智能交通系统,通过数学模型优化交通流量,提高交通效率和安全性。这种实践性的学习活动,不仅提高了学生的数学应用能力和创新能力,还培养了他们的科研思维和解决问题的能力。

应用虚拟现实与增强现实技术,学生可以更加高效和深入地学习数学,教师可以更加灵活和科学地进行教学,极大地提升了高中数学课程的教学效果和学习体验。这些技术不仅改变了传统的教学方式,还为学生和教师提供了丰富和便捷的学习和教学工具,推动了高中数学教学的现代化和智能化发展。

第二节　教学工具的选择与使用

一、多媒体教学工具

在高中数学教学中,多媒体教学工具的选择与使用起着至关重要的作用。这些工具不仅能增强课堂的互动性,还能帮助学生更好地理解抽象的数学概念。多媒体教学工具的使用可以分为几大类,包括幻灯片、视频、虚拟实验、交互式白板和教育软件等,每一种都有其独特的优势和应用场景。

幻灯片(PPT)是高中数学课堂上常见的一种多媒体教学工具。它能够将复杂的数学公式、定理和证明过程通过图表和动画生动地展示出来。此外,PPT 还可以用来展示例题和习题的解析过程,通过逐步揭示解题步骤,帮助学生掌握解题方法和技巧。

视频教学是另一种极具潜力的多媒体教学工具。通过视频,教师可以向学生展示动态的几何图形、函数图像的变化过程等。例如,在讲解圆锥曲线时,可以播放相关的教学视频,让学生直观地看到椭圆、抛物线和双曲线的生成和变化过程。视频教学不仅能够增强学生的视觉体验,还能激发他们的学习兴趣,尤其是对于一些抽象概念和复杂过程,视频教学的效果尤为显著。

虚拟实验在高中数学教学中也越来越受到重视。它能够为学生提供一个安全的实验环境,让他们通过动手操作和实验来理解数学原理。例如,利用虚拟实验软件,学生可以模拟函数的变化,观察参数对函数图像的影响,从而更深入地理解函数的性质和应用。这种互动式的学习方式不仅能提高学生的动手能力,还能培养他们的逻辑思维和问题解决能力。交互式白板作为一种先进的多媒体教学工具,在高中数学课堂上也有着广泛的应用。

交互式白板不仅具有传统黑板的书写功能,还能结合多媒体展示,使教学内容更加丰富多彩。教师可以在白板上直接书写和绘图,实时展示数学公式和几何图形的推导过程,并与学生进行互动。例如,在讲解几何证明题时,教师可以在交互式白板上绘制几何图形,实时进行标注和计算,帮助学生理解每一步的推导过程。同时,学生也可以通过交互式白板参与到解题过程中,增强他们的参与感和学习积极性。

教育软件也是多媒体教学工具中重要的一种。随着信息技术的发展,越来越多的教育软件被应用到高中数学教学中。这些软件不仅可以辅助教师进行教学,还能为学生提供丰富的学习资源和练习题。例如,GeoGebra 是一款功能强大的数学教育软件,能够帮助学生进行几何绘图、函数图像的绘制和分析。通过使用GeoGebra,学生可以动态地观察几何图形的变化过程,理解不同参数对图形的影响。此外,教育软件还可以提供在线测试和即时反馈,帮助学生自我检测学习效果,并及时发现和解决学习中的问题。

除了上述几种多媒体教学工具,高中数学教师还可以利用网络资源丰富课堂内容。互联网为教育提供了丰富的资源和平台,教师可以通过网络获取最新的数学教学资料和课件,并与学生共享。例如,教师可以在课堂上引用 Khan Academy、Coursera 等在线学习平台的教学视频和练习题,帮助学生更好地理解和掌握数学知识。同时,教师还可以利用在线讨论平台与学生进行互动,解答他们在学习过程中遇到的问题,提供个性化的辅导和支持。

多媒体教学工具在高中数学教学中的应用不仅丰富了教学手段,还提高了教学效率和学生的学习兴趣。然而,在选择和使用多媒体教学工具时,教师需要注意以下几点。首先,要根据教学内容和学生的实际情况选择合适的教学工具,避免盲目追求新技术。其次,要合理安排多媒体教学工具的使用时间,将其与传统教学方法有机结合,避免过度依赖多媒体。最后,教师需要不断学习和掌握多媒体教学工具的使用技巧,提高自身的信息素养和教学能力。多媒体教学工具在高中数学教学中的应用具有重要的意义。通过合理选择和使用多媒体教学工具,教师可以有效地提高教学效果,帮助学生更好地理解和掌握数学知识,培养他们的创新思维和解决问题的能力。在信息技术不断发展的今天,多媒体教学工具将会在高中数学教学中发挥越来越重要的作用。

二、互动教学工具

在高中数学教学中,互动教学工具的选择与使用至关重要。这些工具不仅能够增加课堂的互动性和趣味性,还能够帮助学生更好地理解和掌握数学知识。通过合理使用互动教学工具,教师可以大大提升教学效果,使学生在愉快的氛围中学习数学。

互动答题系统是一种有效的互动教学工具。通过使用互动答题系统,教师可以在课堂上进行实时测验,快速了解学生对所学知识的掌握情况。学生可以通过手机或平板电脑等设备参与答题,系统会自动统计每个学生的答题情况并生成反馈报告。教师可以根据反馈报告及时调整教学内容和进度,针对学生的薄弱环节进行重点讲解。互动答题系统不仅提高了课堂的互动性,还增强了学生的学习积极性和主动性,使他们在参与中不断进步。

交互式学习平台是另一种值得推荐的互动教学工具。这类平台通常包含丰富的教学资源和互动功能,教师可以通过平台与学生进行互动交流。比如,在课前,教师可以布置预习任务,让学生通过平台上的教学视频和资料进行自主学习;在课中,教师可以通过平台进行在线测验和讨论,与学生实时互动;在课后,教师可以通过平台进行作业布置和批改,及时反馈学生的学习情况。交互式学习平台不仅提供了丰富的学习资源,还增强了教师与学生之间的互动交流,帮助学生更好地理解和掌握数学知识。

教育游戏也是一种有效的互动教学工具。通过将数学知识融入游戏中,学生可以在轻松愉快的氛围中学习数学。教育游戏通常设计有不同的关卡和挑战,学生需要运用数学知识来解决问题,完成任务。比如,在学习几何知识时,学生可以通过游戏中的建模和绘图来加深对几何图形和性质的理解；在学习代数知识时，学生可以通过解题闯关来巩固对代数运算和方程解法的掌握。教育游戏的趣味性强，能够激发学生的学习兴趣，使他们在游戏中不知不觉地学到知识。

讨论和协作工具在数学教学中同样具有重要的作用。这些工具可以帮助学生进行小组讨论和协作学习，培养他们的团队合作精神和沟通能力。比如，教师可以利用在线讨论平台组织学生进行小组讨论，围绕某个数学问题展开交流和探讨；学生可以通过协作工具共享学习资料，共同完成项目任务。在这种互动的学习过程中，学生不仅能够加深对数学知识的理解，还能够锻炼他们的团队协作和问题解决能力。

互动教学工具在高中数学教学中的应用不仅丰富了教学手段，还提高了教学效率和学生的学习兴趣。教师在选择和使用互动教学工具时，需要根据教学内容和学生的实际情况，灵活运用不同的工具。通过合理使用互动教学工具，教师可以有效地提高教学效果，帮助学生更好地理解和掌握数学知识，培养他们的创新思维和解决问题的能力。

在信息技术不断发展的今天，互动教学工具将会在高中数学教学中发挥越来越重要的作用。

三、计算工具

在高中数学教学中，计算工具的选择与使用至关重要。合理利用计算工具不仅能提高学生的学习效率，还能帮助他们更好地理解和应用数学知识。以下将详细探讨几种常用的计算工具及其在高中数学教学中的具体应用。

首先是计算器。计算器是最常见的计算工具，其可以极大地提高计算速度和准确性。科学计算器能够处理基本的代数运算、函数计算、方程求解及统计分析。在教授代数、几何、三角函数等内容时，科学计算器可以帮助学生快速验证自己的计算结果，减少计算错误。此外，图形计算器更为高级，它不仅具备科学计算器的功能，还能绘制函数图像、求解微积分问题及进行复杂的数据分析。在学习函数的图像性质、极值问题和导数应用时，图形计算器可以让学生直观地观察函数变化，从而加深对抽象概念的理解。

其次是计算机软件。数学软件如 MATLAB、GeoGebra 和 Wolfram Alpha 在高中数学教学中具有重要作用。MATLAB 强大的数值计算功能和图形处理能力使其在处理复杂数学问题时表现出色。输入问题后,学生可以快速获得详细的解题步骤和图形解释,帮助他们理解问题的求解过程。

再者是在线学习平台。现代技术的发展使在线学习平台在数学教学中越来越普及。平台如 Khan Academy、Coursera 和 edX 提供了大量的数学课程资源,涵盖从基础代数到高等数学的各个方面。通过这些平台,学生可以随时随地进行自主学习,观看视频教程,完成练习题,并获得即时反馈。这不仅拓展了学习渠道,还为学生提供了个性化学习的机会,有助于因材施教和差异化教学。

另一个重要的计算工具是数学模型软件。软件如 Desmos 和 Microsoft Mathematics 使数学建模和仿真变得更加简便和直观。Desmos 是一款在线图形计算器,学生可以通过输入函数表达式,立即生成相应的图形,进行函数分析和探索。Microsoft Mathematics 提供了广泛的数学工具,包括公式求解、方程求解、函数绘图和单位转换等功能。通过这些工具,学生可以进行数学建模,模拟实际问题,提升对数学应用的理解。

此外,电子表格软件如 Excel 也在数学教学中发挥着不可忽视的作用。Excel 不仅是一款强大的数据处理工具,还具备函数运算、图表绘制和数据分析的功能。在统计和概率的教学中,Excel 可以帮助学生进行数据的输入、整理和分析,通过绘制直方图、散点图等图表,直观地展示数据分布和趋势,提升学生的统计分析能力。

最后,虚拟实验室也是一种新兴的计算工具。在高中数学教学中,虚拟实验室通过模拟实验环境,使抽象的数学概念变得更加具体和形象。例如,虚拟实验室可以模拟几何变换、概率实验和函数变化等,让学生通过动手操作和实验观察,深刻理解数学原理和规律。这种互动式的学习方式不仅激发了学生的学习兴趣,还培养了他们的探究精神和创新能力。综上所述,计算工具在高中数学教学中的选择与使用至关重要。从计算器、计算机软件到在线学习平台、数学模型软件、电子表格软件和虚拟实验室,每一种工具都有其独特的优势和应用场景。合理利用这些计算工具,教师可以提高教学效果,学生可以提升学习效率和理解能力,为他们未来的数学学习和应用打下坚实的基础。

四、网络资源

在高中数学课程中,网络资源的选择与使用能够大大增强教学效果和学生的学习体验。现代技术的进步使各种网络资源变得更加丰富和多样化,从在线课程、数学软件到互动平台,各类资源都为数学教学提供了新的可能性。

在线课程是网络资源的重要组成部分,平台如 Coursera 和 edX 提供了海量的数学教学视频和练习题。Coursera 和 edX 则更多地提供由世界顶尖大学和教授讲授的高级数学课程,适合那些希望深入理解某一数学领域的学生。通过在线课程,学生能够获得不同于课堂教学的视角和方法,丰富他们的知识结构。

在线数学软件如 GeoGebra 和 Desmos 也是网络资源的重要组成部分。GeoGebra 是一款综合了几何、代数、微积分和统计功能的软件,学生可以通过直观的操作来探索数学概念。它的动态几何功能特别适合几何教学,学生可以通过拖动点、线、面来观察几何图形的变化,从而更好地理解几何性质。Desmos 则是一款功能强大的在线图形计算器,适用于函数和代数的教学。学生可以输入函数表达式,立即生成相应的图像,并进行深入分析。这些软件不仅增强了数学的可视化效果,还提升了学生的动手能力和探索精神。

互动学习平台如 Quizlet 和 Kahoot! 提供了一种有趣而高效的学习方式。Quizlet 允许教师和学生创建和共享学习卡片,涵盖从定义、定理到公式的各类内容,通过反复练习来巩固知识。Kahoot! 则通过游戏化的测验形式,激发学生的学习兴趣和竞争意识。在课堂上使用 Kahoot! 进行实时测验,不仅能快速评估学生的学习情况,还能活跃课堂气氛。这些互动平台有效地融合了学习和娱乐,提升了学生的学习积极性。

论坛和问答社区如 Stack Exchange 的数学板块和 Reddit 的 r/learnmath 社区为学生提供了与全球数学爱好者交流的平台。在这些社区中,学生可以提出自己在学习过程中遇到的问题,得到来自各地的专家的解答和建议。通过参与讨论,学生不仅能够解决具体问题,还能学习到不同的解题思路和方法,拓宽他们的数学视野。此外,这些社区中的许多问题和解答都经过详细的讨论和验证,具有很高的参考价值。

在线题库如 Brilliant 和 Project Euler 为学生提供了大量的练习题和挑战题。

Brilliant 以其精心设计的互动题目和逐步解答过程,帮助学生深入理解数学概念和技巧。Project Euler 则更多地面向那些对编程和算法有兴趣的学生,通过解决一系列逐步递进的数学问题,锻炼他们的逻辑思维和编程能力。这些在线题库不仅为学生提供了丰富的练习资源,还培养了他们的解题能力和独立思考的习惯。

虚拟实验室和仿真工具如 PhET 和 Mathway 使抽象的数学概念变得更加具体和形象。PhET 提供了多种数学和物理的虚拟实验,通过互动操作和实时反馈,学生可以直观地观察数学规律和原理。Mathway 则是一款强大的在线数学求解工具,能够处理从基础代数到高级微积分的各种问题,并提供详细的解题步骤和解释。通过使用这些虚拟实验室和仿真工具,学生可以在实践中验证和应用所学知识,加深理解。

在线图书馆和资料库如 Google Scholar 和 arXiv 为学生提供了丰富的学术资源。Google Scholar 汇集了全球各大期刊和会议的学术论文,学生可以通过关键词搜索,找到与自己学习内容相关的最新研究成果。arXiv 则是一个开放获取的预印本平台,涵盖数学、物理、计算机科学等多个领域,学生可以免费浏览和下载最新的研究论文。这些在线图书馆和资料库不仅为学生提供了权威的参考资料,还帮助他们了解学术界的最新进展和趋势。

网络资源的使用不仅限于学生自学,教师也可以通过这些资源丰富教学内容和方法。教师可以利用在线课程和教学视频作为课堂教学的补充,通过互动平台进行实时测验和反馈,利用在线题库和仿真工具设计丰富的作业和实验,利用在线图书馆和资料库为学生推荐高质量的参考资料。此外,教师还可以参与在线论坛和社区,与其他教育者交流经验和心得,不断提升自己的教学水平。总之,网络资源的选择与使用为高中数学教学带来了前所未有的机遇和挑战。通过合理利用各种网络资源,教师可以提升教学效果,学生可以提升学习效率,最终实现教学相长和共同进步。

第三节 数学文化在数学教学中的创新应用

在现代教学中,设计教学目标时不仅要关注知识目标和素养目标,还应将文化目标融入日常教学,以全面提升学生的综合素质。文化素养的培养可以贯穿课程实施的各个环节。在情境引入阶段,通过介绍与教学内容相关的文化背景和历史知识,激发学生的学习兴趣和文化认同感。在知识生成过程中,教师可以结合文化典故和实际应用,帮助学生更好地理解和掌握知识点。在例题设计中,融入具有文化内涵的问题,引导学生在解决实际问题的同时,感受文化的魅力和智慧。课上探究环节,可以组织学生讨论和分析与文化相关的案例或现象,培养他们的批判性思维和文化理解力。在课外活动中,组织参观博物馆、参与文化活动等,让学生在实践中体验和感受文化的丰富内涵和多样性。这种全方位的文化素养设计,不仅可以增强学生的文化自信,还能培养他们成为具有全球视野和文化素养的现代公民。

一、数学文化在高中数学中的创新应用方法

(一)在情境引入中融入传统文化

教学中,故事介绍一般采用历史故事、名人轶事、现实情境等形式,不仅能让学生快速进入知识情境,而且能够培养学生的学习积极性,如在讲解高中数学人教 A 版新教材《全概率公式》一节,可以播放烽火戏诸侯相关片段,将概率与历史典故结合起来,点燃学生学习的热情,同时提出与本课题相关的问题。你能用概率知识说明周幽王是如何失去诸侯们的信任的吗? 在讲解某些与生活实际相关的话题,可以从日常生活实际情境出发,创设问题情境引发思考。

这样的教学设计培养了学生的数学应用意识,同时这种生活化的素材与内容体现传统文化的生活价值。

(二)在知识生成中融入传统文化

数学课上在讲授一些定理、概念时往往抽象乏味,处理不好会造成学生理解上的障碍。这就需要教师在日常教学中适时、适当地融入传统文化,以传统文化为素材、为情境,转变教学方式;以传统文化为载体、为平台,变革习方式。例如在学习

《圆锥曲线》时,学生总是不解,为何把椭圆、双曲线、抛物线统称为圆锥曲线呢?那么,在讲解之前,可以穿插传统文化素养课程,先讲一讲圆锥曲线的发展历史,假设一个平面经过了圆锥面的顶点,那么得到的曲线有多少? 用不过顶点的平面截圆锥面,又可以获得什么曲线呢? 用一个平面去截圆锥面,还能怎么截? 通过不同的截取方法我们还可以获得哪些截线? 利用GGB的动态演示得到平面截圆锥面时三种不同情形,帮助学生从三维立体、动态的角度全面观察截口曲线,更直观、更形象地认识与了解这三种曲线的形态与形成。

在进行类似的概念教学时,关键让学生知道概念的形成过程,不是凭空得到的,这样的教学模式能真正散发传统文化的生机活力,学习古代数学家们求真务实的毅力与精神。

(三)在例题设计中融入传统文化

传统文化需要教师有意识地在例题与练习中进行融合渗透。纵观历年高考题,传统文化类型的题干背景涉及了很多的史料、数学名题,结合学生的认知水平和学习能力,我们可以充分利用高考题的背景资料,选择与教学内容相符的试题进行训练,也可以在高考题的基础上改编、创新,赋予题目全新的生命与活力,这样相当于学生与高考题进行面对面交流,受到传统文化的熏陶。例如在教学《对数》时,对数运算对学生来说是一个难点,教学时可参考2021年全国高考数学甲卷理科第4题,考查单纯的对数运算,虽然问题本身包含的运算量并不多,却向我们传达了广泛关心的教育课题,其蕴含的传统文化背景——五分记录法是中国人独创的视力记录法,能唤起中学生的民族荣誉感,并通过高考题引导他们学会身边的数学。

(四)在教材探究中融入传统文化

教学中,教师要充分关注教材的探究话题,深刻体会其中蕴含的传统文化、人文精神,巧妙运用于日常教学,可以运用追溯数学史、渗透数学思想方法、欣赏数学美、结合数学应用等策略,实现弘扬数学文明、传播传统文化、传承数学精神的目标。

比如,在人教A版新教材必修第一册《等式性质与不等式性质》中,探究部分就提到在北京召开的第24届国际数学家大会的会标,让学生探讨其中蕴藏的相等关系和不等关系,在探究活动中利用切、补、拼、接等方法可以获得勾股定理和基本不等式,体现数形结合的思想方法,并为学习下一节《基本不等式》做了很好的预热和铺垫。这个理论背景已经在 2021 年全国高考数学浙江卷第 11 题中引入了,在赵爽弦图的基础上,再加入如下的条件:若直角三角形直角边的长分别是 3,4,记大正方形的面积为 S_1,小正方形的面积为 S_2,则 $S_1/S_2=$___,如果曾在课堂上探究过这样的文化背景,这道高考题就不在话下。深入挖掘教材,探究背后强大的知识背景,可以更好地丰富学生的文化阅历。

(五)在课外活动中融入传统文化

提升学生的数学思维与数学素养,仅靠课上单纯的理论学习是远远不够的,还应注重课外知识的拓展、能力的深化。教师应从教材出发,基于教材,但又要高于教材,理清理顺教材编排的每一个细节,在学生的课外生活中落实传统文化的熏陶。 新教材中,有"文献阅读与数学写作""拓广探索"等内容,目的是在传授数学知识的同时,传播传统文化,并将其中的数学精神与人文精神尽数传递给学生。

二、数学文化在高中数学教学中的实施原则

传统文化融入课堂,是培养学生文化素养与人文精神的一个辅助性工具,有助于学生了解知识的来龙去脉,了解苦涩难懂的数学公式背后耐人寻味的历史典故,有助于学生提高学习数学的积极性和有效性。当然,在高中数学教学中融入传统文化也是有章可循的,通过理论研究和教学实践,高中数学教学渗透传统文化要注意以下几个方面:

1.适度

课堂教学中不能让传统文化越俎代庖、反客为主,要把握一定的"度"。同时,传统文化对学习数学知识要有积极的正向引导,如果因此加大了学习的难度,就会本末倒置、得不偿失。

2.适时

纵观高中数学新教材,传统文化在课题引入、例题、习题、课外拓展等环节基本都有所体现,但不是每一环节都要渗透传统文化,一节课的时间是有限的,教师要合理规划,在适合的时间、适合的环节融合渗透传统文化,才能起到画龙点睛的作用。

3. 适量

课前,教师要精挑细选相关的传统文化,不能一味地堆砌罗列。量大导致画蛇添足,为了渗透而渗透,课堂是索然无味的;量不足,火候不到位,难以达到预想的目标。

三、数学文化在高中数学教学中的实施建议

(一)设计多样化的课堂活动,提升学生的思维能力

在现阶段的传统文化教育中,教师应开展形式丰富多样的课堂教学,用数学教育推动学生思维成长,以提高数学教育的有效性和学生的全面素质。

教师必须具备这样的一些意识:一是通过情境引导,提高学生的课堂积极性,并成功导入相关的知识概念;二是让他们积极地建立知识认识框架;三是将数学发展思想贯穿课堂进程,并将教学基本意识落到实处。我们通过课堂教学,可以深切体会到,若要形成优秀的课堂教学体系,不但要求教师对教材内容的正确理解,更要求教师基于现代数学思想,不断地创新教学方法。

在教学课堂上开展有关传统文化的教学中,"大概念"可以引领教师探赜索隐、精进教艺,"传统文化"则能沁润学生的思维心田,培养思维之花。

比如,对"等差数列的前 n 项和公式"一章进行教授。教师基于对"数列求和的本质就是化简""等差数列前 n 项和的平均数是首项与尾项和的平均数"这两个大概念的理解,通过充满文化韵味的情境,从特殊到一般,从数到形对求和公式的发现与证明进行了细致的剖析。数列求和重在对思想方法的归纳与总结,贵在对传统文化的渗透与感悟。教师在提取"大概念"之时,能够从等差数列的价值和教育目标等方面出发,在今后的教育中,让学生更进一步地认识蕴含于其间的数理教育文化。如在"等差数列的前 n 项和公式"这节课的具体授课过程中,教师从具体情境入手,让学生在寻找复杂等差数列前 n 项和的过程中,逐步训练学生从特殊到普通的数理思维,并感受倒序相加法的优点,在具体情境中引导学生选择正确求和方式,从而发展学生的逻辑推理与数学计算能力,为复杂等差、等比数列的正确求和方法奠定了良好的理论基础。

（二）落实课例教研，提升教师教学能力

按照把数学教育文化渗透到课堂中的要求，数学教师要进一步发展实践教学，并积极探索更多样化的教学方法，让现阶段的高中数学核心素养课堂文化氛围感更强，并调动学生对数学知识的实践探索兴趣。因此，可开展课例教学，增加教师对传统文化课程的体验和认识，增强教师自己的课堂教学能力，并带动课堂有效性的提高。

因此，当学生在掌握高中数学课程中有关"平面向量"的知识点时，实际上是掌握对部分初中三角形的知识点的延伸。因此教师在课例教学中，需要有以下意识，即在学此段课程之前，学生就基本已掌握了运用向量的有关知识求证余弦定理的方式，并感受到了向量在处理关于边长和夹角问题时的便捷性，并已开始或初步学会了运用余弦定理解决较简单的三角问题的方式。所以，在此阶段课程的教学中应该继承前期的教学成果，类比余弦定理的探究方式，进一步运用向量证明正弦基本定理，将平面向量的工具化功能进一步发展起来。同时教师在课堂中，还必须给学生进一步说明正弦与余弦之间的差别，使学生知道在向量的计算中并不具有正弦形式。基于此，教师在课例教学中，可以把怎样实现余弦和正弦之间的转换视为此段课程的教学重难点，在设计课程方案时，可以将对该问题的突破视为研究的重点。在处理重要和困难问题的过程中，训练学生的思维创新能力和建构数学知识的能力，同时，可以指导学生通过对正弦定理的正确运用，提高他们的数理应用意识和数学计算的能力。

第六章 教学评估与反馈

在教学中,评估与反馈是不可或缺的重要环节。通过评估教学效果和学生学习情况,教师可以了解教学过程中存在的问题和不足,及时进行调整和改进。而反馈则是促进学生成长和提高学习效果的有效手段,通过向学生提供及时、具体的反馈,可以帮助他们认识到自己的优势和不足,从而更有针对性地进行学习。评估与反馈不仅有助于提高教学质量,也能够增强教师与学生之间的沟通和互动,营造积极的学习氛围。因此,本章将重点探讨教学评估的方法与工具,以及如何从反馈中提炼教学改进的有效策略,旨在为教师提供更加系统和科学的评估与反馈机制,促进教学质量的持续提升。

第一节 教学评估的方法与工具

在高中数学混合式学习模式下,教学评估的方法与工具至关重要,以确保学生的学习效果和教学质量。

一、在线测验与作业

(一)在线测验与作业的作用

在高中数学的混合式教学中,利用在线测验与作业是一种有效的教学评估方法。通过在线学习平台,教师可以方便地创建并发布各种形式的测验和作业,从选择题到解答题,覆盖课程的各个知识点和技能要求。这些测验和作业不仅可以考查学生对数学知识的掌握程度,还可以评估他们的解题能力和应用能力。

第一,通过在线测验,教师可以全面了解学生对数学知识的掌握情况。针对不同的教学内容和学习目标,教师可以设计具有挑战性的选择题、计算题和应用题,以及需要分析和推理的问题。这些题目覆盖课程的各个层次,从基础知识到高阶技能,帮助教师评估学生的学习水平和学习进度。同时,在线测验还可以根据学生的答题情况自动评分,省去了教师烦琐的批改工作,提高了评估效率。

第二,利用在线作业可以促进学生对数学知识的应用和实践。作业可以设计成与课堂教学内容密切相关的问题,让学生在课后通过阅读教材、查找资料和思考来解决。这样的作业设计不仅能够加深学生对知识的理解,还可以培养他们的自主学习能力和问题解决能力。而且,通过在线平台提交作业,学生可以及时收到反馈和评价,了解自己的学习情况,及时调整学习策略。

第三,在线测验与作业还可以为教师提供丰富的数据和信息,用于教学评估和个性化指导。教师可以通过在线平台查看学生的答题情况和作业完成情况,分析学生的表现和问题,及时发现其学习困难和疑点。基于这些数据,教师可以调整教学策略,针对性地开展辅导和指导,帮助学生克服困难,提高学习效果。

(二)在线测验与作用实施策略

1.明确目的和目标

在教学中,在线测验和作业的设计和实施应该始于对其目的和目标的明确理解。首先,教师需要明确测验和作业的具体目的是什么。是为了检测学生对特定知识点的掌握程度,还是为了评估他们的问题解决能力和应用能力?明确目的可以帮助教师更好地理解他们所期望的学生学习成果,并确保测验和作业的设计与教学目标一致。例如,如果测验旨在检测学生对某一数学概念的理解程度,那么题目应该针对该概念的各个方面进行设计,考查学生的掌握程度;而如果作业旨在评估学生的问题解决能力,那么题目可能更侧重于应用性和创造性,要求学生运用所学知识解决实际问题。因此,明确目的和目标有助于确保测验和作业的设计能够有效地衡量学生的学习成果,并为他们的学习提供指导和反馈。

2.多样化题型和内容

在设计在线测验和作业时,多样化题型和内容是至关重要的,可以更全面地评估学生的学习情况,并促进他们在不同类型的问题上的能力发展。选择题和计算题是常见的题型,可以用来测试学生对基本概念和计算技能的掌握程度。这些题型通常具有明确的答案,能够快速准确地评估学生的基础知识水平。然而,仅仅依靠选择题和计算题可能无法全面了解学生的学习情况,因此需要包含更具挑战性和开放性的题型。

应用题和解答题是评估学生综合能力和解决问题能力的重要手段。应用题可以帮助学生将所学知识应用到实际情境中,考查他们的应用能力和创造性思维。解答题则更注重学生的分析和推理能力,要求他们通过文字或图表详细解释问题的解决过程。这些题型可以激发学生的思考和探究意识,培养他们的批判性思维和问题解决能力。此外,还可以考虑加入案例分析题、论述题等更加开放和灵活的题型,让学生在解答问题时展现出更多的思考和创意。

除了题型的多样化,题目内容的丰富性也非常重要。测验和作业应该涵盖课程中的重要知识点和技能,覆盖课堂教学的各个方面。这样可以确保学生在完成测验和作业时能够全面复习所学内容,巩固知识点,并将理论知识与实际应用相结合。因此,在设计测验和作业时,教师需要结合课程标准和教学大纲,合理安排题目内容,确保涵盖全面,不偏不倚。

3. 适度难度和量化控制

在设计测验和作业时,适度的难度和恰当的题量是确保评估有效性的关键因素。首先,测验和作业的难度应该适中,既不能过于简单,也不能过于困难。过于简单的题目可能无法准确反映学生的学习水平和能力,而过于困难的题目则可能让学生感到挫败,影响他们的学习积极性。因此,教师在设计题目时应该根据学生的实际水平和课程要求,合理设置难度,确保题目具有一定的挑战性,同时又能够被大多数学生完成。

题量的控制也是十分重要的。题量过多可能会导致学生在时间上感到紧张和压力,影响他们的思考和表现;而题量过少则可能导致评估的不全面,无法准确地反映学生的学习情况。因此,在确定题量时,教师需要综合考虑学生的学习能力和时间安排,合理安排题目数量,确保测验和作业既能够全面评估学生的知识和能力,又不至于给学生造成过大的压力。

为了确保测验和作业的难度和题量合适,教师可以通过多次试验和反复修改来进行调整和改进。可以先在小范围内进行试题的试用,观察学生的表现和反馈,然后根据实际情况进行相应的调整。此外,教师还可以借助同行评审和专家意见,获取更多的建议和反馈,从而进一步完善测验和作业的设计。

4. 及时反馈和指导

及时批改测验和作业可以帮助学生及早了解自己的学习情况,及时发现和纠正错误。当学生得知自己的答案是否正确及出现了哪些错误时,他们可以更加清楚地认识到自己的学习状况,有针对性地进行后续的学习调整和改进。此外,及时的反馈还可以有效地激发学生的学习动力和积极性,增强他们的学习信心,促进学习动力的持续保持。

具体的反馈和指导有助于学生更深入地理解知识和提升学习效果。除了指出错误和不足之处外,教师还可以给予学生具体的改进建议和学习指导。这些建议可能涉及知识点的进一步解释、常见错误的分析,以及学习方法和技巧的建议等。通过这些指导,学生不仅能够更好地理解知识,还能够掌握有效的学习方法,提高学习效率。此外,教师还可以根据学生的个性化需求提供针对性的指导,帮助他们克服学习障碍,更好地实现学习目标。因此,及时的反馈和指导对于学生的学习成长和发展具有重要意义。

5. 灵活性和个性化

根据学生的学习水平和需求调整测验和作业的内容和要求,可以更好地满足不同学生的学习需求,提供个性化的学习体验。这种个性化的设计可以帮助学生在适合自己水平的学习环境中进行学习,从而更容易地理解和掌握知识。对于一些学习较快或者已经掌握了部分知识的学生,可以提供更具挑战性的题目和任务,以激发他们的学习兴趣,促进其深层次的学习;而对于一些学习较慢或者需要额外帮助的学生,则可以提供更加简单和容易理解的题目和指导,以帮助他们建立自信心,逐步提升学习水平。

个性化的学习体验还可以增强学生的学习动机和参与度。当学生感受到自己的学习需求和水平受到重视,得到了针对性的帮助和支持时,他们会更加主动地投入学习,更加积极地参与到教学活动中来。这种积极的学习态度和参与度有助于提高学生的学习效果和成绩,并培养他们的自主学习能力和学习动力。因此,灵活调整测验和作业的内容和要求,提供个性化的学习体验,可以有效地激发学生的学习兴趣,提高学习效果。

6. 引导自主学习

在教学中,测验和作业不仅仅是对学生学习成果的评估,更是学生自主学习的重要机会。通过合理设计和引导,教师可以将测验和作业转化为促进学生自主学习的平台,从而培养学生的独立思考能力、问题解决能力和自主学习能力。

作业可以设计成开放性的问题或探究性的任务,激发学生的好奇心和求知欲。这种设计要求学生不仅仅是简单地回答问题,而是需要他们运用所学知识进行分析、探索和解决问题。例如,教师可以提出一个实际生活中的数学问题,要求学生通过调查、分析和实验等方式,独立思考并提出解决方案。这样的作业设计能够培养学生主动学习的意识和能力,促进其深入思考和探索。

教师在设计作业时可以鼓励学生发挥创造力,提出自己的见解和解决方案。通过给予学生一定的自主权和选择权,激发他们的学习兴趣和动力。例如,教师可以提供多个选题,让学生根据自己的兴趣和特长选择感兴趣的题目进行深入研究和探索。这样的作业设计能够激发学生的积极性和主动性,提高其对学习任务的投入度和学习效果。总的来说,通过引导学生在作业中进行自主学习,教师可以培养其自主学习的能力和习惯,为其未来的学习和发展打下坚实的基础。

7. 定期跟踪和评

通过定期查看学生的表现,教师可以及时了解每个学生的学习情况,发现存在的问题和困难。这种跟踪不仅仅是对学生学习成绩的简单统计,更重要的是深入分析学生的表现,从中发现其学习中的瓶颈和难点,以便采取针对性的教学措施。例如,如果某个学生在测验或作业中频繁出现错误,教师可以通过与学生交流,找出其学习困难的原因,并针对性地提供帮助和支持,帮助学生克服困难,提高学习效果。

除了对学生的学习成绩进行跟踪外,定期的评估也是教学中的重要环节。通过对学生的学习情况进行评估,教师可以了解教学效果,及时调整教学策略,以提高教学效果。评估可以包括课堂效果的评估、教学方法的评估及教材使用的评估等方面。通过定期评估教学效果,教师可以发现教学中存在的问题和不足,及时调整教学方法和教学内容,提高教学效果和学生的学习成绩。总之,定期跟踪和评估学生的测验和作业成绩是教学中不可或缺的一部分,它有助于教师及时了解学生的学习情况,发现问题并采取相应的教学措施,从而提高教学效果和学生的学习成绩。

二、课堂表现观察

课堂表现观察是教师评估学生学习情况的重要手段之一,尤其在面对面授课环境中。通过观察学生的参与度、提问与回答等方面的表现,教师可以深入了解学生的学习态度、理解程度及课堂互动情况,从而为教学提供有针对性的反馈和改进方案。

(一)观察学生的参与度

观察学生的参与度在教学评估中具有重要的意义。学生的积极参与程度往往是评价其对课程内容的认可和兴趣程度的直观体现。教师可以通过多种方式观察学生的参与度,从而更好地了解他们的学习状态和情况。

教师可以通过学生的言行举止来观察其参与度。在课堂上,学生是否经常主动发言、提出问题或回答问题,是观察参与度的重要指标。积极参与讨论的学生通常展现出对学习内容的兴趣和热情,而不活跃的学生可能需要更多的引导和激励。此外,教师还可以观察学生的表情和姿态,看是否表现出专注和投入的状态,这也是参与度的重要体现之一。

教师可以通过课堂活动的互动情况来评估学生的参与度。例如,教师开展小组讨论或问题解答环节时,观察学生之间的交流和合作情况。积极参与的学生通常会与同学互动、讨论,并共同解决问题,而被动的则可能表明学生对课程内容缺乏兴趣或自信心。这种观察有助于教师了解学生在协作学习中的表现,为个性化的教学提供依据。

除此之外,教师还可以通过课堂笔记、作业的完成情况等方式来观察学生的参与度。学生是否认真完成作业、课堂笔记是否详细,都能反映出他们对学习的重视程度。通过这些方式,教师可以全面地了解学生的学习状态,及时发现问题,采取相应的教学措施,帮助学生提高参与度和学习效果。

(二)观察学生的提问与回答情况

学生的提问和回答反映了他们对课程内容的理解深度和思考程度。通过观察学生的提问是否具有针对性和深度,教师可以了解学生对知识点的掌握情况及对概念的理解程度。有深度和针对性的提问通常意味着学生对课程内容有更深层次的思考和理解;而缺乏深度和针对性的提问则可能暗示着学生对知识点的理解还不够透彻,需要更多的指导和解释。此外,观察学生回答问题的准确性和逻辑性也是评估学习成果的重要标准之一。学生的回答是否清晰、准确,是否能够合理地运用所学知识解决问题,以及回答过程中是否能够表达清晰的逻辑思路,这些都能够反映学生的学习水平和学习能力。

除了观察学生个体的提问与回答情况外,学生之间的互动也是评估学习情况的重要依据。在课堂上,学生之间的讨论和交流可以促进思维碰撞和知识共享,有助于学生深入理解课程内容。通过观察学生之间的互动,教师可以了解学生对课程内容的理解情况,以及彼此之间的学习互助情况。学生之间的积极互动和合作能够激发学生的学习热情,提高学习效果。因此,教师应该鼓励学生之间的互动,并密切观察学生之间的交流情况,以便及时发现问题并进行调整和指导。

三、在线讨论与互动

在线讨论与互动可以实现对高中数学教学的评估,同时评估学生的思维能力和合作精神。

(一)参与度观察

学生在讨论中的积极参与程度往往能够直观地反映他们对课程内容的理解和兴趣程度。当学生能够积极提出问题、分享自己的观点,并与同学进行交流时,这表明他们对课程内容有一定的理解,并且对学习内容产生了浓厚的兴趣。此外,通过观察学生在讨论中的表现,教师还可以深入了解到学生的学习态度和主动性。那些能够主动参与讨论、积极表达自己观点的学生,通常具有更强的学习意愿和积极的学习态度。他们乐于思考问题、探索知识,并愿意与他人分享自己的见解,这种学习态度有助于促进学习氛围的形成,提高学习效果。因此,通过参与度观察,教师能够更全面地了解学生的学习情况,有针对性地进行教学调整和指导,从而提高教学效果,培养学生的学习兴趣和学习动力。

（二）思维能力评估

在线讨论平台为学生提供了一个自由表达观点、思考问题的环境，这为评估他们的思维能力提供了独特的机会。通过观察学生在讨论中的提问、回答和讨论的内容，可以深入了解他们的思维水平和能力。学生所提出的问题是否具有深度和针对性，回答是否清晰逻辑，以及是否能够理解和运用数学概念等，都是评估的重要指标。学生提出的问题是否能够深入思考问题的本质，是否能够针对性地提出关键性问题，以及回答问题时是否能够清晰地陈述思路、逻辑严谨，都可以反映出其思维能力的水平。此外，学生是否能够理解并运用数学概念解决实际问题，也是评估其思维能力的重要方面。通过观察和分析学生在在线讨论中的表现，教师可以更全面地了解他们的学术表现和学习能力，为针对性的教学和指导提供有力支持。

（三）合作精神评估

在线讨论平台不仅为学生提供了一个表达观点、思考问题的自由环境，还促进了学生之间的合作和互助。在小组讨论中，教师可以观察学生的合作态度、团队协作能力及对他人观点的尊重程度，从而评估他们的合作精神。学生是否愿意倾听他人的观点、是否能够主动提出建设性意见，以及是否能够有效地与他人合作解决问题，都可以作为评估的重要依据。一个具有良好合作精神的学生，在讨论中会表现出团队合作的意识，愿意与他人共同探讨解决方案，尊重并倾听他人的意见，同时也能够提出建设性的建议，积极参与到小组合作中去。因此，观察学生在在线讨论平台上的合作行为和态度，有助于评估其合作精神的发展程度。

（四）知识分享和交流评估

在线讨论平台作为学生之间进行知识分享和交流的主要场所，为教师提供了重要的评估机会。在这个平台上，学生可以通过发表观点、分享经验和提出问题来展现他们对课程内容的理解和掌握情况。教师可以通过观察学生在讨论中分享的知识和经验，以及他们对他人观点的回应，来评估学生的学习情况。学生分享的知识和观点的深度、广度、逻辑性，以及对他人观点的反馈是否具有建设性，都可以作为评估的重要指标。此外，学生之间的交流和互动也能够为教师提供更多的信息，帮助他们更准确地了解学生的学习状态和水平。因此，通过在线讨论平台上的知识分享和交流,教师能够全面评估学生的学术能力和学习表现,从而更好地指导和帮助他们提升学习效果。

四、项目与实践任务评价

通过设计数学项目和实践任务,教师可以有效评价学生的问题解决能力、创新意识及在实际情境中应用数学知识的能力。这种评价方法旨在提供更贴近实际应用场景的学习体验,以促进学生的综合能力和创造力的发展。

(一)项目设计与实施

数学项目的设计与实施是一种有效的教学评估方法,可以帮助学生将抽象的数学知识应用到实际情境中,培养他们解决问题和创新的能力。在设计项目时,教师可以选择涵盖代数、几何、概率与统计等不同数学领域的主题,以确保学生能够全面运用所学知识。这些项目可以是个人项目,也可以是小组合作项目,通过个人或团队的努力来完成。学生在完成项目的过程中,需要进行问题分析、数据收集、计算和推理等操作,从而展现出他们的数学思维和解决问题的能力。这种实践性的学习方式不仅能够激发学生的学习兴趣,还可以提高他们的学习动力和参与度。同时,通过对学生在项目中的表现进行评估,教师可以全面了解他们的学习情况和能力水平,为后续的教学提供针对性的指导和支持。因此,项目设计与实施是一种有效的教学评估方法,能够有效地促进学生的综合素养和能力发展。

(二)实践任务设计

实践任务设计是一种将数学知识与实际生活相结合的有效方式,通过让学生将所学的数学知识应用到真实情境中去解决问题,从而提高他们的问题解决能力和创新思维。在设计实践任务时,教师可以选择模拟情境或者真实场景,让学生在实践中学习。例如,学生可以设计一个调查问卷并分析数据,探讨社会现象或市场趋势;或者利用数学知识设计一个简单的工程项目,如建造一个模型桥梁或设计一个简单的建筑平面图。这些实践任务不仅能够让学生直观地感受到数学知识在实际生活中的应用,还能够培养他们解决问题的能力和创新意识。通过实践任务,学生可以更加深入地理解数学知识的实际意义和应用场景,提高他们的学习动力和参与度。同时,教师也可以通过观察学生在实践任务中的表现来评估他们的学习情况和能力水平,为后续的教学提供有针对性的指导和支持。因此,实践任务设计是一种有效的教学评估方法,能够促进学生的综合素养和能力发展。

(三)评价标准设定

在设计项目和实践任务时,制定清晰的评价标准是确保评估过程有效性的关键。这些评价标准应该全面覆盖学生解决问题的方法、思考过程、结果的准确性及创新性等方面。例如,在数学项目中,评价标准可以包括学生对问题的分析能力、解决问题的逻辑性和合理性、计算的准确性及对结果的解释和应用能力等。而对于实践任务,则可能包括学生对实际情境的理解、应用数学知识的能力、解决问题的创新性和解决方案的实用性等。通过设定明确的评价标准,教师能够更加客观地评估学生的表现,并为他们提供有针对性的反馈和指导。这有助于学生清晰了解评价的标准和要求,促进其自我评估和提高。因此,评价标准的设定是设计项目和实践任务的重要环节,能够有效地帮助教师实现教学评估的目标。

(四)成果展示与反馈

成果展示与反馈是项目和实践任务评价的重要环节。学生在完成项目或实践任务后,应有机会展示他们的成果。这种展示可以采取多种形式,例如口头报告、书面报告、海报展示等。通过这些展示形式,学生不仅可以分享他们的工作和成果,还可以锻炼他们的表达和沟通能力。教师在这一过程中,扮演着观察者和评估者的角色,通过详细观察和记录,了解学生的表现情况。例如,教师可以评估学生在展示过程中逻辑表达的清晰度、数据和结论的准确性、视觉呈现的效果及应对提问的能力。基于这些观察,教师可以提供具体、建设性的反馈和建议。这种反馈不仅有助于学生认识到自己的不足和需要改进的地方,还能鼓励他们继续努力,提升自己的学习水平。同时,通过展示和反馈环节,学生也可以相互学习,从他人的工作中获得启发和借鉴,进一步促进整体学习效果的提升。因此,成果展示与反馈不仅是评估的工具,更是促进学生全面发展的重要手段。

(五)学生自我评价与同伴评价

学生自我评价与同伴评价是提升学生自主学习和合作能力的重要方法。在完成项目或实践任务后,学生通过自我评价来评估自己的工作质量和学习收获,能够促使他们反思自己的努力程度、遇到的挑战及解决问题的过程,从而更全面地了解自己的学习情况和发展方向。自我评价不仅帮助学生认识到自己的优点和不足,还增强了他们的自我认知和自我改进的动力。这种过程培养了学生的反思能力和自我管理能力,使他们在未来的学习中能够更好地调整和优化自己的学习策略。

同伴评价则提供了一个交流与互助的平台。学生通过互相评价,分享他们的看法和建议。这种互动不仅能促进学生之间的合作与交流,还能激发他们的批判性思维和反思能力。在同伴评价过程中,学生学习如何提供建设性的反馈,如何接受他人的意见,并从中获得启发和改进的方向。同伴评价鼓励学生积极参与他人的学习过程,培养了他们的沟通能力和团队合作精神。通过自评和互评,学生可以在一个互相支持和合作的环境中成长,共同提升学习效果。

五、学生反馈调查

学生反馈调查在高中数学教学中扮演着关键角色。通过定期调查学生对教学内容、教学方法和学习体验的评价,教师可以获得宝贵的信息,从而实现教学评估和改进。这些调查不仅帮助教师了解学生的需求和期望,还为教学策略的调整和优化提供了科学依据。

(一)设计有效的反馈问卷

设计有效的反馈问卷是确保学生反馈调查能够切实发挥作用的关键。为了全面了解学生的学习体验和反馈,问卷设计必须遵循以下几个原则。

第一,全面性是设计问卷的基础。问卷内容应涵盖教学内容、教学方法、课堂互动和学习资源等各个方面。这不仅帮助教师全面了解学生对教学各个环节的评价,还能发现教学中潜在的问题。例如,问卷可以包括对教学内容的难易度、教学方法的多样性、课堂互动的频率及学习资源的丰富性等方面的评价。这样,教师可以系统地了解学生的学习体验,并据此进行有针对性的改进。

第二,问卷设计应注重简洁性。问卷问题应简洁明了,避免过于复杂或模糊,确保学生能够准确理解和回答。这意味着在设计问题时,使用简单、直接的语言,避免使用专业术语或复杂句式。同时,问题数量要适中,过多的问题会让学生感到疲倦,影响其回答的质量;过少的问题又可能无法全面反映学生的意见。因此,设计问卷时,应在简洁性和全面性之间找到平衡,确保问卷既能覆盖主要的反馈点,又能让学生轻松作答。

第三,问卷设计还需要结合客观性与主观性,既包括客观的选择题,也包含主观的开放式问题。客观选择题如单选题、多选题等,可以快速收集大量数据,便于量化分析。例如,"您对当前数学课程内容的难度评价如何?"这种问题可以设置几个固定选项供学生选择。与此同时,主观的开放式问题如"您对本课程还有哪些建议?"则鼓励学生提供具体的意见和建议,便于教师获取深入的、个性化的反馈。这种客观与主观问题的结合,使问卷既具有广泛的适用性,又能够捕捉到学生的具体需求和感受。

第四,匿名性是确保反馈真实性的重要原则。问卷调查必须保证匿名性,以鼓励学生真实地表达自己的看法。学生往往担心反馈会影响到他们与教师的关系或他们的成绩,如果不能确保匿名,他们可能不敢坦率地表达真实的意见。因此,在问卷开头,应明确告知学生调查是匿名的,其反馈将仅用于教学改进,不会对个人产生任何影响。这种方式可以最大限度地减少学生的顾虑,确保反馈的真实和有效。

（二）反馈问卷的具体内容

1. 教学内容评价

教学内容评价是教学评估的重要组成部分,可以确保教学的有效性和针对性,提高学生的学习效果。

（1）教学内容是否符合课程标准和学生的认知水平

教学内容必须符合国家或地区规定的课程标准,这是确保教学方向和质量的基础。课程标准明确了各个年级段需要掌握的知识点和技能,教师在设计教学内容时必须严格遵循这些标准,确保所教内容与标准一致。与此同时,教学内容也要符合学生的认知水平,考虑到学生的年龄、知识背景和学习能力。教师需要根据学生的认知发展规律和实际情况,选择适当的教学材料和方法,以便学生能够有效理解和掌握所学知识。例如,初中生的数学教学内容应侧重基础概念和基本运算,高中生则需要在此基础上进一步深入,探讨更复杂的数学理论和应用。

（2）教学内容的难度是否适中

教学内容的难度直接影响学生的学习体验和效果。过于简单的内容可能让学生觉得无聊,失去学习兴趣;而过于困难的内容则可能让学生感到挫败,影响学习信心。因此,教师在设计教学内容时,需要合理把控难度。可以通过设置分层次的教学目标,将内容分为基础部分和提高部分,满足不同层次学生的学习需求。例如,在讲解数学新概念时,可以先讲解基本原理和简单例题,然后逐步增加难度,引导学生逐步深入理解和掌握复杂内容。这样既能保证大多数学生跟上进度,又能为学有余力的学生提供挑战。

（3）是否有足够的实例和应用案例帮助理解数学概念

数学概念通常较为抽象,单纯依靠理论讲解往往难以让学生彻底理解。因此,教师在教学过程中应结合丰富的实例和应用案例,帮助学生将抽象的数学概念与具体的实际问题联系起来。实例教学可以让学生看到数学知识在现实生活中的应用,增强他们对数学学习的兴趣和理解。例如,在讲解概率论时,可以结合日常生活中的概率事件,如天气预报中的降雨概率等,使学生更容易理解和掌握相关概念。此外,应用案例的引入也可以锻炼学生解决实际问题的能力,提高他们的数学应用素养。

（4）是否涵盖了考试所需的重点和难点

教学内容的设计还需要关注考试需求,确保覆盖考试所需的重点和难点。这是帮助学生应对考试、取得好成绩的重要保障。教师在备课时,需要认真研究考试大纲和历年考试题目,找出考试的重点和难点内容,并在教学中有针对性地加强讲解和训练。例如,高中数学的考试通常会重点考查函数、导数、几何等内容,教师在教学中需要重点讲解这些知识点,并通过练习题和模拟考试帮助学生巩固和提高。在讲解难点内容时,教师可以通过分解步骤、详细分析、反复练习等方式,帮助学生逐步掌握和突破难点。

2. 教学方法评价

教学方法评价是教学评估的核心环节,可以确保教学过程的有效性,提高学生的学习体验和效果。

（1）教师的讲解是否清晰易懂

教师的讲解是否清晰易懂是衡量教学效果的重要标准之一。讲解清晰易懂意味着教师能够将复杂的数学概念、定理和公式用通俗易懂的语言表达出来,让学生能够轻松理解和吸收。教师需要在讲解过程中使用简洁明了的语言,避免使用过于专业的术语,并通过适当的重复和强调,帮助学生加深记忆和理解。教师还可以通过举例说明、图示解释等方法,使抽象的数学知识变得具体和形象。例如,在讲解几何问题时,可以绘制图形或使用几何软件演示,使学生更直观地理解几何关系和性质。清晰易懂的讲解能够提高学生的听课效率,增强他们的学习信心和兴趣。

（2）教学方法是否多样化

教学方法的多样化是提高教学效果的重要手段。单一的讲授法可能难以满足不同学生的学习需求和兴趣,因此教师需要采用多样化的教学方法,以激发学生的学习积极性和参与度。除了传统的讲授法,教师还可以通过小组讨论、实践活动、探究式学习等多种方式,丰富课堂教学。例如,通过小组讨论,学生可以互相交流和分享观点,培养团队合作精神和批判性思维能力;通过实践活动,学生可以将所学知识应用到实际问题中,提高解决问题的能力。多样化的教学方法不仅可以满足不同层次学生的学习需求,还能增强他们的学习体验和效果。

（3）是否有效利用多媒体和其他辅助工具

现代教育技术的发展为教学提供了丰富的多媒体和辅助工具。教师在教学过程中应充分利用这些工具,增强课堂的互动性和趣味性。例如,使用多媒体课件,可以将文字、图片、音频、视频等多种信息形式结合起来,生动地展示教学内容;使用数学软件,可以进行动态演示和模拟实验,帮助学生更直观地理解数学概念和原理。此外,在线学习平台和教育应用程序也为学生提供了丰富的学习资源和练习机会,教师可以利用这些工具,开展线上线下相结合的混合式教学。有效利用多媒体和辅助工具,可以提高教学的效率和效果,增强学生的学习兴趣。

（4）课堂节奏是否合理,是否留有足够的时间进行练习和提问

合理的课堂节奏是确保教学效果的重要因素。教师在设计和实施教学时,需要合理安排讲解、练习和提问的时间,确保每个环节都能有序进行。过快的节奏可能导致学生跟不上,影响理解和吸收;过慢的节奏则可能使学生感到无聊,失去学习兴趣。教师需要根据学生的实际情况,灵活调整教学节奏,确保每个知识点都有足够的时间讲解和巩固。在讲解新知识后,应留出充足的时间让学生进行练习,通过练习加深理解和掌握。同时,教师还应鼓励学生在课堂上提问,并预留时间进行

答疑解惑,帮助学生解决学习中的困惑。合理的课堂节奏和充足的练习、提问时间,可以提高学生的学习效果和课堂参与度。

3. 学习体验评价

学习体验评价是评估学生在教学过程中所感受到的学习环境和教学支持的过程。通过了解学生对课堂氛围、教师关怀、自主学习机会及学习资源的感受,可以帮助教师了解学生的需求,进而改进教学策略,提高教学效果。

(1)学生对课堂氛围的感受

学生对课堂氛围的感受直接影响着他们的学习体验。一个积极、融洽的课堂氛围能够激发学生的学习兴趣和主动性,增强他们的学习动力。教师应该在课堂上营造出积极、开放的氛围,鼓励学生积极参与讨论、提问,并尊重每个学生的观点和想法。采用多种互动方式,如小组讨论、角色扮演、案例分析等,促进学生之间的交流和合作,提高课堂的活跃度和参与度。

(2)学生对教师的关心和支持的满意度

教师的关心和支持对学生的学习体验和情感状态有着重要影响。关心学生、支持学生的教师能够建立起良好的师生关系,增强学生的学习动力和信心。教师应该倾听学生的需求和反馈,及时解决学生在学习中遇到的问题,给予学生必要的鼓励和支持。通过与学生建立起亲近、信任的关系,教师能够更好地理解学生的需求,帮助他们克服学习困难,提高学习效果。

(3)是否有足够的机会进行自主学习和探究

自主学习和探究是培养学生自主学习能力和创新精神的重要途径。教师应该为学生提供足够的自主学习机会,让他们在学习过程中能够自主选择学习内容、制订学习计划,并通过实践探索、问题解决等方式深化对知识的理解和运用。例如,可以设计一些开放性的问题和项目,让学生自主探索解决方法,培养其独立思考和解决问题的能力。

(4)是否提供了有效的学习资源和辅导材料

有效的学习资源和辅导材料是学生学习的重要支撑。教师应该为学生提供丰富、多样的学习资源,包括教材、参考书、网络资源等,以满足不同学生的学习需求。同时,教师还可以根据学生的实际情况,提供个性化的辅导材料和学习建议,帮助学生解决学习中的问题,提高学习效率。通过有效的学习资源和辅导材料,学生能够更好地巩固和拓展所学知识,提升学习成绩。

（三）反馈调查的实施

1. 调查时间和频率

定期和阶段性的学生反馈调查是确保教学质量和学生满意度的关键步骤。

定期调查每学期应至少两次,分别在学期中段和结束时进行,能够全面了解学生对整个学期教学的评价和反馈意见。这种调查频率保证了教师能够及时了解学生的学习情况和需求,及时调整教学策略,提高教学效果。

阶段性调查则在完成重要章节或教学单元后进行,旨在及时了解学生对特定知识点或教学内容的掌握情况和反馈意见。这种调查方式有助于教师及时发现教学中存在的问题,及时进行调整和改进,以提高教学效果。

综合定期和阶段性的反馈调查,可以为教师提供全面、及时的教学反馈,有助于不断优化教学过程,提升学生的学习体验和成果。

2. 数据收集与分析

数据收集与分析是教学评估中至关重要的一环,尤其是在学生反馈调查中。利用在线调查工具如 Google Forms 或 SurveyMonkey,可以便捷地收集学生的反馈数据。这些工具提供了灵活的问卷设计功能,教师可以根据需要定制问题,包括选择题、开放式问题等,确保覆盖各个方面的教学内容和学生体验。通过在线调查,学生可以在自己方便的时间完成问卷,而教师也能及时收集到反馈数据,保证了数据收集的简便性和高效性。

在收集到数据后,对数据进行有效的分析至关重要。通过统计分析,对封闭式问题的答案进行数量统计,了解学生在不同方面的整体评价和倾向。这些数据能够快速揭示出教学的优点和不足之处。对于开放式问题,需要进行更深入的内容分析,提取出学生的共性意见和建议。通过归纳总结,识别出学生普遍关注的问题和期待的改进方向,为教师提供宝贵的参考,有针对性地调整教学策略,提高教学质量。这样的分析过程不仅有助于了解学生的需求和反馈,也能够促进教师的专业成长和教学水平的持续提高。

（四）反馈结果的应用

1. 教学改进

教学改进是教学评估的核心目标之一，及时有效地调整教学内容、优化教学方法及改进学习资源，可以更好地满足学生的学习需求，提高教学效果。

（1）调整教学内容

通过收集学生的反馈意见，教师可以了解到学生对于教学内容的理解程度和掌握情况。根据这些反馈，教师可以适时地调整教学内容的深度和广度，确保内容的设置既符合课程要求，又能够适应学生的学习水平。这种针对性的调整可以帮助学生更好地理解和消化知识，提高学习效果。

（2）优化教学方法

教师可以根据学生对教学方法的反馈，尝试新的教学策略和方法，增加课堂互动和学生参与度。例如，可以引入更多的小组讨论、案例分析或者实践活动，激发学生的学习兴趣，提高他们的学习积极性和主动性。通过不断尝试和改进教学方法，更好地促进学生的学习，培养他们的自主学习能力和创新精神。

（3）改进学习资源

根据学生的需求，教师可以提供更多样化的学习资源，如视频教程、在线练习题、互动学习平台等。这些资源可以帮助学生更灵活地学习和复习知识，拓展他们的学习渠道，提高学习效率。同时，教师还可以根据学生的反馈意见，不断完善和更新学习资源，确保其质量和实用性，为学生提供更好的学习支持。

2. 反馈结果的沟通

反馈结果的沟通对于教学改进至关重要，它不仅可以增强学生和家长对教学工作的信任和认可，还可以促进他们更积极地参与到学习过程中。

（1）与学生沟通

在收集到学生反馈后，教师应及时向学生通报反馈结果和拟定的改进措施。这种沟通可以增强学生的参与感和认可度，让他们感到自己得到了重视，同时也能够帮助他们更好地理解教学目标和方向。通过与学生的直接沟通，教师可以更好地了解到学生的需求和期待，有针对性地进行教学改进，提升教学效果。

（2）与家长沟通

定期向家长汇报学生的学习情况和改进措施,可以增强家长对学校和教师的信任和支持,促使他们更积极地配合学校的教育工作。通过与家长的沟通,可以及时了解到家庭中可能存在的问题和困难,为学生提供更全面的支持和帮助。此外,家长也可以通过反馈意见和建议,为学校和教师提供宝贵的参考,共同促进学生的全面发展。

第二节　从反馈中提炼教学改进

在教学过程中收集到的反馈信息是改进教学的重要依据。教师可以通过以下方式从反馈中提炼教学改进。

一、分析反馈数据

（一）数据分析与案例分析

在分析反馈时,数据分析是首要环节。收集到的问卷数据可以通过统计分析工具,如 Excel 或专业的数据分析软件进行处理。首先,针对每个问题进行数据汇总,计算出各选项的频率和百分比,形成数据分布图。通过这些图表,直观地看出学生对不同教学环节的满意度和关注点。其次,可以采用交叉分析的方法,将学生的背景信息(如年级、性别、成绩水平等)与他们的反馈进行关联分析,找出不同群体的差异和共性问题。最后,通过数据聚类分析,将反馈数据分成若干类,如"教学方法""课程内容""师生互动"等,找出每一类中的主要问题和改进方向。数据分析不仅能揭示出普遍存在的问题,还能量化这些问题的严重程度,为后续的改进提供科学依据。

案例分析则是数据分析的有力补充。尽管统计数据能揭示整体趋势,但具体的问题往往隐藏在个案中。通过对典型个案的深入分析,了解问题的具体表现和成因。比如,某些学生反映数学课堂内容难以理解,那么可以选取几个具有代表性的学生进行深入访谈,了解他们在课堂上的具体困惑、学习习惯、家庭背景等。通过对这些个案的分析,发现一些共性问题,如教师讲解速度过快、例题选择不够贴近学生实际水平等。同时,也能揭示一些个性问题,如个别学生的学习方法不当、学习态度不积极等。案例分析有助于全面理解反馈中的问题,从而制定有针对性的改进措施。结合数据分析和案例分析,可以从宏观和微观两个层面,全面把握教学中存在的问题和改进需求。

(二)归纳总结与改进方向

在数据分析和案例分析的基础上,归纳总结是从反馈中提炼教学改进的关键步骤。将学生和家长的意见进行分类整理,根据问题的性质和涉及的教学环节进行归类。比如,可以将反馈内容分为"教学方法""课堂管理""学习资源""评价体系"等类别。每一类中,进一步细分具体问题,如在"教学方法"中,可以细分为"讲解方式""互动形式""练习设计"等。在完成分类后,对每一类问题进行归纳总结,提炼出主要的改进需求。这一过程不仅有助于系统化地理解反馈内容,也便于后续制定有针对性的改进策略。

总结的过程还应注重将定性反馈量化,形成具体的改进目标和评估标准。比如,如果很多学生反馈"课堂互动不足",可以将其具体化为"每节课增加至少两次师生互动环节",并通过定期问卷调查和课堂观察评估其实施效果。归纳总结的最终目标是形成一份详细的改进报告,明确列出各项改进需求及其优先级,为后续的教学改进提供清晰的行动指南。这份报告应包括问题描述、具体表现、改进建议、实施步骤和评估方法等内容。这种系统的归纳总结,可以确保教学改进措施的科学性和可操作性,真正提升高中数学教学的质量和效果。

二、制订改进计划

(一)教学内容的改进

1. 强化重点知识的讲解

强化重点知识的讲解是提高教学效果的关键环节。根据学生的反馈,许多学生在数学学习过程中遇到了难点和易错点,这些问题往往成为阻碍他们理解和掌握数学知识的主要障碍。因此,教师需要有针对性地对这些难点和易错点进行深入讲解。首先,在备课时,教师应认真分析教材,结合学生的反馈,找出每个章节中的重点和难点。针对这些内容,教师可以设计详细的讲解方案,包括具体的例题、步骤分解、知识点梳理等,确保每个知识点都能得到充分讲解和演练。其次,在课堂上,教师可以通过多种教学手段,如图形演示、直观模型、实际案例等,帮助学生更好地理解抽象的数学概念。同时,可以利用分组讨论、合作学习等形式,让学生在互动中巩固知识,解决疑惑。

为了进一步强化重点知识,教师还应注重课堂反馈的及时性。在每次讲解重点知识后,可以通过课堂提问、小测验、即时反馈等方式,了解学生的掌握情况。对于普遍存在的问题,教师应及时调整讲解策略,采取多样化的教学方法。例如,对于某些复杂的公式推导,可以采用逐步分解的方法,让学生一步步理解推导过程;对于易错的计算题,可以设计多样化的练习题,通过反复练习帮助学生掌握正确的解题方法。此外,教师还可以利用课后辅导和答疑时间,针对个别学生的具体问题进行一对一辅导,确保每个学生都能跟上教学进度,掌握重点知识。

2. 增加教学内容的趣味性和实用性

在数学教学中,增加内容的趣味性和实用性是激发学生学习兴趣的有效途径。许多学生反映,数学课程内容过于抽象,缺乏与实际生活的联系,这使他们在学习过程中感到枯燥和乏味。为了解决这一问题,教师可以在教学内容的设计上,注重结合实际生活中的数学应用,增强课程的趣味性和实用性。例如,在讲解几何知识时,可以通过实际建筑、桥梁结构等实际案例,展示几何知识在工程中的应用;在讲解统计知识时,可以利用生活中的数据,如调查问卷、市场分析等,让学生进行实际的数据分析和处理。

此外,教师还可以引入数学历史故事、数学家趣闻等内容,丰富课堂教学。例如,在讲解数学定理时,可以介绍相关的数学家及其研究背景,激发学生的好奇心和探索欲望。通过这些方式,学生不仅能够更好地理解数学知识的实际应用,还能感受到数学的魅力和趣味。教师还可以利用现代信息技术,如多媒体课件、数学软件等,增强教学的直观性和互动性。例如,通过几何画板等软件,学生可以动态地观察几何图形的变化过程,直观地理解几何定理和性质;通过在线学习平台,学生可以进行自我测试和练习,实时反馈学习效果。

3. 增加数学实验和项目式学习

增加数学实验和项目式学习是提升学生综合能力和应用能力的重要途径。在传统的数学教学中,学生往往只关注解题技巧和公式记忆,缺乏实际操作和应用能力。为了解决这一问题,教师可以在教学中引入更多的数学实验和项目式学习,帮助学生更好地理解和应用所学知识。例如,在讲解概率和统计知识时,可以设计实际的实验,如投掷硬币、抽样调查等,让学生通过实际操作和数据分析,直观地理解概率和统计的基本概念和方法。

项目式学习是近年来广泛应用于各学科教学中的一种有效教学模式。通过项目式学习,学生可以在真实的情境中,综合运用所学的数学知识解决实际问题。例如,教师可以设计一个"城市交通优化"项目,让学生通过数据收集、模型建立、计算分析等步骤,研究城市交通问题,并提出优化方案。在这个过程中,学生不仅能够巩固所学的数学知识,还能提高问题解决能力、团队合作能力和创新能力。项目式学习的另一个优势在于,它可以让学生在实践中体会到数学知识的价值和意义,增强学习的动机和兴趣。

为了确保数学实验和项目式学习的顺利实施,教师需要做好充分的准备工作。首先,应设计合理的实验和项目方案,明确实验步骤、项目任务和评估标准。其次,应提供必要的实验器材和技术支持,确保学生能够顺利完成实验和项目。最后,应加强对学生的指导和帮助,及时解决他们在实验和项目中遇到的问题,确保每个学生都能积极参与并有所收获。

(二)教学方法的改进

1. 差异化教学的实施

差异化教学是一种根据学生不同学习水平和学习特点,采取灵活、多样化教学策略的教学方法。每个学生的学习能力、兴趣和背景各不相同,教师需要了解并尊重这些差异,从而提供更有针对性的教学资源和支持。首先,教师应对学生的学习水平进行初步评估,可以通过入学测试、课堂观察、作业表现等方式,了解学生的知识基础和学习习惯。根据评估结果,将学生分成不同的学习小组,实施分层教学。对于基础较好的学生,可以提供更具挑战性的学习材料,鼓励他们深入思考和探究;对于基础较弱的学生,则应提供更多的支持和帮助,帮助他们巩固基础知识,提高学习信心。

在差异化教学中,教师还应灵活运用各种教学方法,满足不同层次学生的需求。例如,对于一些理解能力较强的学生,可以采取自主学习、项目研究等方式,培养他们的自主学习能力和创新思维;对于一些理解能力较弱的学生,可以采取细致的讲解、多样化的练习和反复的巩固等方式,帮助他们逐步掌握知识点。差异化教学不仅能够提高学生的学习效果,还能增强他们的学习兴趣和积极性,促进学生的全面发展。为了确保差异化教学的顺利实施,教师需要不断学习和更新教学理念,灵活调整教学策略,及时关注和反馈学生的学习情况。

2. 增加互动式教学

互动式教学是提高学生课堂参与度和主动性的有效手段。传统的教学模式往往以教师为中心,学生被动接受知识,缺乏主动参与和思考的机会;而互动式教学强调师生互动、生生互动,通过提问、讨论、合作学习等多种方式,学生在课堂上积极参与、主动思考,培养学习兴趣和创新能力。教师在课堂上应善于提问,通过设计有针对性和启发性的问题,引导学生进行思考和讨论。例如,在讲解一个数学定理时,可以提出相关的问题,鼓励学生思考定理的推导过程和应用场景,从而加深对知识的理解。

此外,教师还可以通过小组讨论、案例分析、角色扮演等方式,促进学生之间的互动和合作。在小组讨论中,学生可以分享自己的观点和经验,相互启发,共同解决问题。案例分析则可以让学生将理论知识应用于实际问题,通过分析和讨论,培养他们的批判性思维和问题解决能力。角色扮演是一种生动有趣的教学方式,学生通过扮演不同的角色,体验和理解知识的实际应用,增强学习的趣味性和实效性。通过这些互动式教学方法,学生不仅能够更好地掌握知识,还能提高沟通能力、团队合作能力和创新能力,全面提升综合素质。

3. 利用信息化手段

现代信息技术的快速发展为教学提供了丰富的资源和手段。利用多媒体、在线学习平台等信息化手段,可以极大地丰富教学内容和形式,提高教学效果。首先,多媒体教学可以将文字、图像、声音、动画等多种元素结合起来,使抽象的数学概念更加直观、生动。例如,通过几何画板等动态几何软件,学生可以直观地观察几何图形的变化过程,加深对几何定理和性质的理解。多媒体课件包含丰富的案例和实际应用,帮助学生将理论知识与实际生活联系起来,增强学习的趣味性和实用性。

在线学习平台则为学生提供了更多的自主学习和个性化学习的机会。通过在线学习平台,学生可以随时随地访问学习资源,进行自我测试和练习,及时反馈学习效果。例如,一些在线题库和智能辅导系统可以根据学生的学习情况,自动推荐适合的练习题和辅导材料,帮助学生巩固知识点,提高学习效果。教师也可以通过在线平台发布教学资源、布置作业、进行在线答疑,与学生保持良好的互动和沟通。此外,信息化手段还可以用于教学管理和评估,教师可以通过学习管理系统,跟踪学生的学习进度和表现,及时调整教学策略。

(三)学习评价的改进

1. 多元化评价方式

传统的考试评价方式主要关注学生在特定时间点上的学业表现,但这种方式往往不能全面反映学生的学习过程和综合能力。因此,多元化评价方式的引入显得尤为重要。多元化评价不仅可以更全面地评估学生的学习情况,还能激发学生的学习兴趣和主动性。首先,过程性评价是一种重要的补充方式,通过对课堂参与度、作业完成情况、小组合作表现等方面的考查,更全面地了解学生的学习状态和能力。例如,课堂参与度可以通过观察学生在课堂上的提问、回答问题、参与讨论等行为来评估,作业完成情况则可以通过对学生日常作业的完成质量和态度进行评价。

小组合作表现也是多元化评价中的一个重要环节。在现代教学中,合作学习越来越受到重视。通过小组合作,学生可以互相交流、共同探讨、解决问题,从而提高学习效果。对小组合作表现的评价可以从多个维度进行,如小组成员的分工协作情况、解决问题的能力、沟通与表达能力等。通过这些多元化的评价方式,教师不仅可以全面了解学生的学习情况,还能帮助学生发现自己的优势和不足,从而有针对性地进行指导和改进。

2. 及时反馈与调整

及时反馈与调整是提高教学效果和学生学习效果的重要手段。在考试或作业完成后,教师应尽快对学生的成绩和表现进行反馈,帮助学生及时了解自己的学习情况,发现问题并进行改进。反馈应具体、明确,有助于学生理解自己的优点和不足。例如,在评阅试卷时,教师可以详细标注学生在每道题上的得分情况,并在试卷上附上详细的评语,指出错误原因和改正方法。此外,可以通过个别谈话、课堂讲评等方式,针对普遍存在的问题进行集体反馈和讲解。

根据反馈结果,教师应及时调整教学计划和内容,以满足学生的学习需求。例如,如果发现大部分学生对某个知识点理解困难,教师则应在后续的教学中加强该知识点的讲解和练习。通过灵活调整教学内容和方法,教师可以更好地帮助学生克服学习中的困难,提高学习效果。此外,教师还可以通过与学生的沟通,了解他们在学习中的具体问题和需求,并针对性地提供指导和帮助。例如,对于一些学习方法不当的学生,教师可以提供具体的学习建议和策略,帮助他们改进学习方法,提高学习效率。

3. 个性化评价与指导

个性化评价与指导是满足学生个性化学习需求、促进学生全面发展的重要手段。每个学生的学习特点、兴趣和进步情况各不相同,教师应根据这些差异,给予个性化的评价和指导。教师应关注学生的学习过程和进步,而不仅仅是学习结果。例如,可以通过定期的学习记录和评估,了解学生在不同阶段的学习表现和进步情况,并根据学生的个体差异,制订个性化的学习目标和计划。

在个性化评价中,教师应注重学生的全面发展,而不仅仅是学业成绩。例如,可以通过对学生的兴趣爱好、学习态度、合作能力、创新能力等方面的评价,全面了解学生的综合素质。针对学生的具体情况,教师应提供个性化的指导和支持。例如,对于一些学习成绩较好但缺乏合作能力的学生,可以安排小组合作任务,以培养他们的团队合作精神;对于一些学习成绩较差但具有较强动手能力的学生,可以通过实践活动和项目式学习,激发他们的学习兴趣和潜力。

三、实施改进措施

(一)短期计划(1 ~ 3个月)

在短期内,实施改进措施的首要任务是收集并分析学生的反馈,制定初步的改进措施。这一过程可以通过问卷调查、课堂观察、个别访谈等多种方式进行。问卷调查可以设计详细的问题,涵盖教学内容、教学方法、课堂氛围等多个方面,了解学生对当前教学的具体意见和建议;课堂观察则可以由教师自行或邀请同事进行,观察课堂教学中的互动情况和学生的反应;个别访谈可以选择具有代表性的学生,深入了解他们的学习体验和需求。

在分析反馈的基础上，教师应针对反馈中反映的主要问题，制定初步的改进措施。首先，应重点强化难点和易错点的讲解，确保学生对基础知识的理解和掌握。可以通过细化讲解步骤、增加例题解析、提供多样化的练习题等方式，帮助学生巩固基础知识。其次，应增加师生互动，通过提问、讨论、小组合作等方式，提高学生的课堂参与度。教师可以在每节课开始时，设立提问环节，引导学生思考和讨论课前预习的内容；在课上和课后，安排讨论和总结环节，巩固学习效果。

（二）中期计划（3 ~ 6个月）

在中期计划中，教师应深入实施差异化教学和多元化评价，丰富教学内容，确保每个学生都能获得适合自己的学习支持。差异化教学是根据学生的不同学习水平和需求，提供个性化的教学资源和方法。教师可以根据学生的学习情况，将学生分成不同的学习小组，针对不同层次的学生设计不同的学习任务和活动。例如，对于学习能力较强的学生，可以提供更具挑战性的任务和项目，鼓励他们进行深入研究和探讨；对于学习能力较弱的学生，可以提供更多的基础练习和个别辅导，帮助他们逐步提高学习水平。

多元化评价是丰富评价方式，全面评估学生的学习过程和表现。除了传统的考试外，可以增加过程性评价，如课堂参与度、作业完成情况、小组合作表现等。教师可以通过定期的小测验、课堂观察、学生自评和互评等方式，全面了解学生的学习情况，并给予及时的反馈和指导。定期召开反馈会议也是中期计划中的重要内容，通过这些会议，教师可以与学生一起总结教学中的问题和改进措施，及时调整教学策略，确保教学效果不断提高。

（三）长期计划（6个月以上）

在长期计划中，建立反馈—改进—反馈的良性循环，持续改进教学质量，是提高教学效果的关键。教师应建立一套系统的反馈机制，定期收集和分析学生的反馈，并根据反馈结果不断调整和优化教学策略。可以设立定期的反馈周期，如每学期一次的全面反馈和每月一次的简要反馈。通过这些反馈，教师可以及时了解教学中的问题和改进需求，并制定相应的改进措施。

优化教学资源和环境也是长期计划中的重要内容。教师应不断更新和丰富教学资源,利用现代信息技术和多媒体手段,提供更多的学习材料和工具。例如,可以通过在线学习平台,提供丰富的教学视频、在线题库等资源,方便学生随时随地进行学习和复习。此外,改善教学环境也是提升学生学习体验的重要措施,可以改善教室的硬件设施、优化座位安排、营造良好的学习氛围等方式,提升学生的学习效果和满意度。

通过实施以上的短期、中期和长期计划,教师可以逐步改进教学方法,提升教学质量和学生的学习效果。在短期,通过收集和分析反馈,制定初步的改进措施,强化重点知识的讲解,增加师生互动。在中期,通过深入实施差异化教学和多元化评价,丰富教学内容,定期召开反馈会议,及时调整教学策略。在长期,通过建立反馈—改进—反馈的良性循环,持续改进教学质量,优化教学资源和环境,提升学生的学习体验和效果。这一系列的改进措施将有助于全面提升教学质量,促进学生的全面发展,培养他们的综合素质和能力。

四、持续监测和反馈

(一)持续监测和反馈的机制

为了确保教学改进措施的有效性和持久性,持续监测和反馈机制的建立是至关重要的。通过定期监测改进效果、收集反馈意见、及时调整和优化改进方案,教师可以保持教学质量的持续改进,提升学生的学习效果。

定期监测改进效果是维持教学改进的重要步骤。教师可以通过多种方式进行监测,包括定期的课堂观察、学生问卷调查、学习成绩分析等。课堂观察可以由教师自己或以同事互访的方式进行,目的是了解教学改进措施在实际课堂中的应用情况,以及学生的参与度和反应。例如,教师可以观察学生在课堂中的提问和讨论情况,记录下学生的积极表现和存在的问题。学生问卷调查则可以设计针对性的题目,了解学生对改进措施的评价和建议。学习成绩分析可以通过比较实施改进前后的考试成绩,评估改进措施对学生学业成绩的影响。

收集反馈意见是持续改进的核心环节。反馈意见的收集应当覆盖多方面的内容,包括学生的学习体验、家长的意见、同事的建议等。学生的反馈可以通过定期的问卷调查、课堂讨论、个别访谈等方式获得;家长的反馈可以通过家长会、家校沟通平台等方式收集;同事的建议则可以通过教学研讨会、教研组活动等形式获取。通过多渠道、多维度的反馈,教师可以全面了解改进措施的实施效果,发现潜在的问题和不足。

（二）调整和优化改进方案

在收集到反馈意见后,教师需要对反馈进行系统的分析和整理,找出改进措施中的问题和不足,并据此调整和优化改进方案。反馈的分析可以采用定量和定性相结合的方法。定量分析可以通过统计问卷调查结果、学习成绩变化等数据,找出改进措施的效果和存在的问题。定性分析则可以通过对学生和家长的意见进行分类整理,归纳出具体的改进需求和建议。

根据分析结果,教师应及时调整和优化改进方案。例如,如果发现某些改进措施在实际应用中效果不佳,可以考虑调整这些措施的实施方式或内容。具体来说,可以对教学方法进行调整,如增加更多的互动环节、改进讲解方式等;对教学资源进行优化,如引入更多的多媒体资源、提供更丰富的学习材料等;对评价方式进行改进,如增加过程性评价、改进评价标准等。通过不断调整和优化改进方案,教师可以确保教学改进措施的有效性和适应性。

（三）建立反馈—改进—反馈的良性循环

为了实现持续的教学质量改进,建立反馈—改进—反馈的良性循环是必不可少的。良性循环的核心在于不断地从反馈中提炼改进措施,并通过改进措施的实施和反馈,形成一个动态的改进过程。首先,教师应定期进行反馈收集和分析,确保改进措施的实施情况和效果得到及时的评估。其次,根据反馈结果,及时调整和优化改进方案,确保改进措施的持续改进和优化。最后,通过实施新的改进措施,再次收集和分析反馈,形成一个不断循环的改进过程。

在建立良性循环的过程中,教师需要注重几个关键点。首先是反馈的及时性和全面性。及时的反馈可以帮助教师迅速发现和解决问题,而全面的反馈则可以确保改进措施的各个方面都得到充分评估。其次是改进措施的灵活性和适应性。改进措施应当根据实际情况不断调整和优化,确保其能够适应不同的教学环境和学生需求。最后是教师的持续学习和发展。教师应当不断学习新的教学理论和方法,借鉴同行的成功经验,提升自己的教学能力和水平。

第七章 未来展望与建议

随着教育技术的不断进步和教育模式的多样化,未来的教学将呈现出更多创新和发展的可能。本章将探讨混合式学习的未来发展趋势,为教师提供实践建议,并对教育政策与支持系统提出建议,以推动教育质量的持续提升。

第一节 混合式学习的未来发展趋势

混合式学习作为一种结合了传统课堂教学与在线学习优势的教学模式,正在全球范围内快速发展,并逐渐成为教育领域的重要趋势之一。未来,混合式学习将呈现出以下发展趋势。

一、技术驱动的个性化学习

随着信息技术的迅猛发展,人工智能(AI)、大数据和机器学习等前沿技术逐渐渗透到教育领域,推动着教学模式和学习体验的深刻变革。技术驱动的个性化学习正成为未来教育的重要趋势。通过分析学生的学习行为和数据,这些先进技术能够为每个学生量身定制学习计划和内容,帮助学生在个性化的路径上实现最佳的学习效果。

(一)关键技术及其应用

1.人工智能(AI)

(1)智能导师系统

人工智能在教育中的一个重要应用是智能导师系统。智能导师系统利用 AI 技术模拟人类教师的部分功能,为学生提供个性化的指导和支持。这种系统不仅能够减轻教师的负担,还能在许多方面提升教学效果。智能导师系统能够根据学生的学习情况,推荐适合的学习资源。例如,系统可以分析学生对不同知识点的掌握程度,识别出学生的薄弱环节,并自动推荐相应的练习题、视频讲解或补充资料,帮助学生弥补知识漏洞。此外,智能导师系统还可以解答学生的问题,提供即时的反馈和指导。在传统的教学模式中,教师往往难以兼顾所有学生的个性化需求,但智能导师系统可以为每个学生提供量身定制的学习支持,确保每个学生都能获得及时和精准的帮助。

智能导师系统还具备高度的互动性和响应能力,能够在学生学习过程中实时监控和调整教学策略。例如,当学生遇到难题时,系统可以立即提供分步解答,帮助学生逐步理解和解决问题;当学生表现出对某个主题特别感兴趣时,系统可以推荐更深入的学习材料,激发学生的学习热情。通过这些个性化和互动性的功能,智能导师系统能够大幅提升学生的学习体验和效果。此外,智能导师系统可以记录和分析学生的学习行为数据,生成详细的学习报告,帮助教师和家长全面了解学生的学习进展和需求,从而制订更有针对性的教学策略和辅导计划。总体而言,智能导师系统通过提供个性化的指导和支持,极大地增强了教学的精准性和有效性,为学生创造了一个更加高效和友好的学习环境。

(2)智能评估与反馈

AI系统在教育中的另一个重要应用是智能评估与反馈。传统的评估方式主要依赖于教师手动批改作业和试卷,费时费力且难以避免主观偏差;而智能评估系统则能够自动评估学生的作业和试卷,提供快速、准确和公正的评分。通过预设的标准和算法,系统可以高效地处理大量的评估任务,确保评分的一致性和公正性。智能评估不仅可以大幅减少教师的工作量,还能为学生提供及时的反馈。例如,学生在提交作业或完成考试后,系统可以在短时间内完成评估,并生成详细的反馈报告,指出学生的正确和错误之处。更为重要的是,智能评估系统可以深入分析学生的错误类型和频率,帮助学生识别知识薄弱点。通过对大量学习数据的分析,系统能够发现学生在某些特定知识点上反复出错的规律,揭示出潜在的学习问题。基于这些分析结果,系统可以提出针对性的改进建议,例如推荐额外的练习题或辅导资源,帮助学生重点复习和巩固这些薄弱环节。此外,智能评估系统还能追踪学生的学习进度和效果,及时调整教学内容和策略,确保教学的连贯性和有效性。通过持续的评估和反馈,系统不仅帮助学生在学习过程中不断改进和提升,也为教师提供了宝贵的教学数据和建议,帮助他们制订更加科学和高效的教学计划。智能评估与反馈系统的应用,使教育评估从传统的静态模式转变为动态的、持续改进的过程,大大提高了教育质量和学生的学习效果。

2. 大数据

(1)学习行为数据分析

大数据技术在教育领域的一个重要应用是学习行为数据分析。通过大数据技术,教育机构可以收集和分析学生在学习过程中的各种行为数据,如点击率、停留时间、回答正确率等。这些数据不仅能够反映学生的学习进度和表现,还能够揭示他们的学习习惯和偏好。通过对这些数据的全面分析,教育机构可以深入了解每个学生的学习模式和需求,从而优化教学内容和方法。例如,如果某个视频课程的点击率很高且学生的停留时间较长,说明该课程内容吸引了学生的兴趣,教育机构可以根据这一信息制作更多类似的课程内容;如果某个知识点的回答正确率较低,说明该知识点存在普遍的理解困难,教师可以针对这一知识点加强讲解,提供更多的辅助资料和练习。

此外,学习行为数据分析还可以帮助教育机构识别学生在学习过程中遇到的具体问题和障碍。通过分析学生的错题率和学习行为数据,系统可以发现学生在某些知识点上的理解不足,并提供个性化的辅导和建议。例如,系统可以根据学生的错误模式推荐相应的补充练习,或者提供针对性的教学视频,帮助学生强化对这些知识点的理解。通过这样的数据驱动分析,教育机构不仅能够提高教学的针对性和有效性,还能为每个学生提供量身定制的学习支持,最大程度地满足学生的个性化需求。

(2)学习路径优化

大数据技术在教育中的另一个关键应用是学习路径优化。基于对学生学习行为数据的分析,系统可以为每个学生设计个性化的学习路径,帮助其更高效地掌握知识。大数据分析可以揭示学生的学习进度、知识掌握情况及潜在的学习障碍,从而为学生制订科学的学习计划。例如,系统可以根据学生的学习表现推荐适当的学习进度,安排合理的复习计划,并设置具体的学习目标。这样,学生可以在更加有序和高效的学习路径上前进,逐步掌握所需的知识和技能。

个性化学习路径的设计不仅可以提高学生的学习效率,还能增强他们的学习动机和兴趣。通过大数据分析,系统可以识别学生的兴趣点和优势领域,推荐相关的学习资源和项目,激发学生的学习兴趣。例如,对于某些在数学方面表现突出的学生,系统可以推荐更具挑战性的数学题目和项目,鼓励他们进一步探索和深入研究;对于在科学实验中表现出色的学生,系统可以提供更多的实验资源和实践机会,帮助他们在实践中巩固知识和技能。通过这样的个性化学习路径设计,学生不仅能够更加高效地学习,还能在学习过程中发现和发展自己的兴趣和特长。

3. 机器学习

(1)自适应学习系统

机器学习在教育中的一个重要应用是自适应学习系统。这些系统利用机器学习算法,能够实时调整教学内容和难度,以适应学生的学习进度和需求。自适应学习系统通过不断学习和优化,能够提供越来越精准的个性化学习体验。具体而言,自适应学习系统首先会收集学生在学习过程中的各种数据,如回答问题的正确率、完成任务的时间、学习行为的模式等。然后,系统利用这些数据进行实时分析,评估学生的知识掌握情况和学习进度。基于分析结果,系统会自动调整接下来的教学内容和难度。例如,如果系统发现某个学生在某一知识点上表现出色,则提升该知识点的难度或推荐更高级的内容;如果学生在某个知识点上遇到困难,系统则会提供更基础的讲解和额外的练习题,帮助学生逐步理解和掌握。

自适应学习系统的另一个显著优势是其能够提供个性化的学习路径。这种个性化路径不仅考虑到学生当前的知识水平,还会根据学生的学习习惯、兴趣和目标进行优化。例如,系统可以根据学生的学习节奏,设计合理的学习计划,安排适当的复习和测试时间,确保学生在适合自己的节奏中学习。此外,自适应学习系统还可以整合多种学习资源,如视频讲解、互动练习、虚拟实验等,提供丰富的学习体验。通过这些个性化和动态调整的功能,自适应学习系统能够有效提升学生的学习效率和效果,满足每个学生的独特需求。

(2)预测与干预

机器学习在教育中的另一个关键应用是预测与干预。机器学习模型通过分析大量的学生数据,能够预测学生的学习表现和可能遇到的困难,提前采取干预措施,以确保学生能够顺利学习。例如,机器学习模型通过分析学生的学习行为、作业成绩、考试表现等数据,可以预测学生对某一知识点的掌握情况。如果模型预测某个学生在即将学习的知识点上可能会遇到困难,则可以提前提供相关的学习资源和辅导,如额外的练习题、视频讲解或在线辅导课程,帮助学生提前预习和理解该知识点。

这种预测与干预机制不仅能够帮助学生及时解决学习中的问题,还能预防学习上的积累性困难。例如,如果系统发现某个学生在基础知识上存在薄弱环节,可能会影响到后续的学习,系统可以针对基础知识提供更多的练习和复习机会,确保学生夯实基础。在这种个性化和预见性的教学支持下,学生能够更加顺利地掌握知识。此外,机器学习模型还能帮助教师更好地了解学生的学习状态和需求,提供针对性的教学建议和辅导策略。例如,教师可以根据系统的预测结果,调整教学进度,重点关注学生普遍存在的问题,并在课堂上进行有针对性的讲解和练习。

(二)实施策略

1.教育数据的采集与管理

(1)数据采集

在现代教育中,数据采集是实现精准教学和个性化学习的基础。通过在线学习平台、教育应用软件等多种途径,教育机构能够收集到丰富的学生学习行为数据。这些数据包括但不限于学生的登录次数、学习时长、作业提交情况、考试成绩、课堂互动情况等。在线学习平台如 Moodle、Blackboard 等能够自动记录学生的登录和学习活动数据,帮助教师了解学生的学习习惯和进度。教育应用软件如 Khan Academy 和 Duolingo,可以跟踪学生在不同课程中的表现,记录每个学习模块的完成情况和得分。此外,智能教室设备如互动白板和学习管理系统(LMS)也能收集课堂内外的学习数据,如学生的课堂参与度、实时答题情况等。

这些数据的采集不仅能够为教师提供全面的教学反馈,还能为学生提供自我评估的依据。通过分析这些数据,教师可以识别出学生在学习过程中遇到的困难和瓶颈,从而采取针对性的教学策略。例如,通过分析作业提交情况和正确率,教师可以发现哪些知识点学生普遍掌握不牢,需要在课堂上进一步讲解和巩固;通过分析考试成绩,可以评估教学效果,调整教学进度和方法。数据采集的广泛应用,为个性化教学和精准教育提供了坚实的基础。

（2）数据管理

在采集到大量的教育数据后,如何对这些数据进行有效的管理,是确保数据准确性、完整性和安全性的关键。首先,建立完善的数据管理系统是必要的。一个高效的数据管理系统应当具备数据存储、数据处理、数据分析和数据安全等功能。数据存储方面,系统应支持大容量数据的存储,并能根据需求灵活扩展;数据处理方面,系统应能够对不同来源和格式的数据进行标准化处理,确保数据的一致性和可比性;数据分析方面,系统应提供强大的数据分析工具,支持多维度的数据查询和挖掘;数据安全方面,系统应具备完善的权限管理和数据加密功能,确保数据的隐私性和安全性。

在数据管理过程中,标准化处理是一个重要环节。教育数据来自多种不同的源头,如在线学习平台、教育软件、智能教室设备等,这些数据格式各异、内容繁杂。为了便于后续的分析和应用,需要对数据进行标准化处理。标准化处理包括数据清洗、数据转换和数据整合。数据清洗是指去除数据中的噪声和错误,确保数据的准确性和完整性;数据转换是指将不同格式的数据转换为统一的格式,确保数据的可读性和一致性;数据整合是指将来自不同源头的数据整合到一个统一的平台,便于集中管理和分析。

（3）数据的应用与展望

高质量的数据采集和管理为教育数据的深入应用奠定了基础。通过对标准化处理后的数据进行分析和挖掘,教育机构可以获取有价值的信息和洞见,优化教学过程和提升教学效果。例如,数据挖掘技术,可以识别出影响学生学业成绩的关键因素,如学习习惯、学习资源的利用情况等。基于这些分析结果,教师可以针对性地调整教学策略,如提供个性化的学习资源,制订个性化的学习计划,帮助学生提高学习效果。

此外,教育数据的应用还可以支持教育管理和决策。教育机构可以通过数据分析,评估教学质量和学生满意度,制定科学的教育政策和管理措施。例如,分析学生的学习行为数据,可以评估不同教学方法的效果,选择最优的教学方法推广应用;分析学生的反馈数据,可以了解学生对课程和教师的满意度,及时改进教学内容和方法。教育数据的广泛应用,将推动教育从经验驱动向数据驱动转变,提高教育质量和管理水平。

展望未来,随着大数据、人工智能和机器学习技术的不断发展,教育数据的采集和管理将变得更加智能和高效。智能化的数据采集设备和平台将不断涌现,数据管理系统将更加完善和智能,数据分析和应用的深度和广度将不断拓展。通过对教育数据的深入挖掘和应用,教育将变得更加个性化、精准化和智能化,为每个学生提供最优质的教育服务,推动教育的全面发展和进步。

2. 个性化学习内容的开发

(1)多样化的学习资源

个性化学习的实现依赖于对多样化的学习资源的开发和应用。为了满足不同学生的学习需求,教育机构和教师需要提供丰富多样的学习资源,包括视频课程、电子教材、互动练习、虚拟实验等。这些资源不仅能适应不同学习风格和兴趣的学生,还能帮助学生在不同的学习阶段获得所需的知识和技能。视频课程作为一种直观的学习资源,能够通过生动的影像和声音,帮助学生更好地理解复杂的概念和原理。例如,利用动画和演示,教师可以将抽象的数学定理变得生动具体,帮助学生建立直观的理解。此外,视频课程还可以通过专家讲解、示范实验等形式,激发学生的学习兴趣和探究欲望。

电子教材是另一种重要的学习资源,具有传统教材所不具备的灵活性和互动性。电子教材不仅可以包含丰富的文字、图片和图表,还可以嵌入视频、音频和交互式内容,增强学生的学习体验。例如,在学习化学反应时,电子教材可以通过动画演示化学反应的过程,帮助学生更好地理解反应机制。互动练习和虚拟实验则是实践和应用知识的重要途径。通过互动练习,学生可以在模拟的环境中进行操作和练习,实时获得反馈,纠正错误。虚拟实验室则为学生提供了一个安全和高效的实验平台,让他们能够在没有实验器材限制的情况下,进行各种科学实验和探究活动。通过这些多样化的学习资源,学生可以在多感官、多层次的学习环境中,全面提升学习效果。

(2)动态学习计划

在个性化学习中,动态学习计划的设计和实施至关重要。动态学习计划是指根据学生的学习进度和反馈,实时调整学习内容和教学策略,确保学习的连贯性和有效性。传统的静态学习计划往往固定不变,无法适应学生的个体差异和不断变化的学习需求。动态学习计划则通过不断监测学生的学习表现,及时调整学习目标、内容和方法,为学生提供量身定制的学习路径。

实施动态学习计划首先需要建立一个高效的反馈机制。通过定期的测评和数据分析,教师可以了解学生的学习进展和存在的问题。例如,在线测验和作业提交系统可以实时记录学生的成绩和完成情况,帮助教师及时发现学生的学习瓶颈和薄弱环节。根据这些反馈,教师可以调整教学内容的难度和进度,为学生提供额外的辅导和练习。对于掌握较好的学生,教师可以提供更具挑战性的学习材料,鼓励他们深入探究和扩展知识;对于学习困难的学生,教师可以安排更多的基础知识复习和巩固,帮助他们夯实基础。

动态学习计划的另一个关键点是灵活性和个性化。在设计学习计划时,教师应考虑到学生的兴趣和学习习惯,提供多种选择和路径。例如,学生可以根据自己的兴趣选择不同的学习主题和项目,在自主探索中培养创新能力和自主学习能力。教师还可以利用学习管理系统(LMS)和人工智能技术,自动化和智能化地调整学习计划。例如,基于学生的学习数据,系统可以推荐适合的学习资源和任务,动态调整学习路径,确保每个学生都能在最佳的节奏中学习和成长。

(3)个性化学习的未来展望

个性化学习内容的开发和动态学习计划的实施,不仅能够提升学生的学习效果,还能激发他们的学习动机和兴趣,培养自主学习能力。随着教育技术的不断进步,个性化学习将迎来更加广阔的发展前景。未来,人工智能、大数据和虚拟现实等前沿技术将进一步融入教育,为个性化学习提供更强大的支持。例如,人工智能可以通过深度学习算法,分析学生的学习行为和习惯,预测学习趋势,提供更加精准的个性化建议和资源;大数据技术可以整合和分析海量的教育数据,发现潜在的教育问题和改进方向;虚拟现实技术则可以为学生提供更加沉浸式和互动式的学习体验,增强学习的实效性和趣味性。

此外,教育资源的共享和开放也将推动个性化学习的发展。通过建立开放的教育资源平台,教育机构和教师可以共享优质的学习资源,让更多的学生受益。学生也可以通过这些平台，获取更多的学习支持和资源，丰富学习内容，拓展知识面。教育政策和制度的支持也是关键。政府和教育主管部门应制定和实施鼓励个性化学习的政策，提供必要的资金和技术支持，推动教育创新和变革。

3. 智能评估与反馈机制的建立

（1）自动评估系统

智能评估与反馈机制的建立是提升教育质量和个性化教学的重要手段，其中，自动评估系统的开发与应用尤为关键。自动评估系统利用人工智能和大数据技术，能够快速、准确地评估学生的学习成果，并提供详细的反馈报告。这种系统的核心在于其高效性和准确性。传统的人工评估不仅耗时耗力，而且难以避免主观偏差，而自动评估系统通过预设的标准和算法，能够高效处理大量的评估任务，确保评分的一致性和公正性。例如，在语言学习中，系统可以通过自然语言处理技术，自动评估学生的作文，分析语法、词汇和表达的准确性，并给出具体的修改建议。

自动评估系统不仅能够提供分数，还能生成详细的反馈报告，帮助学生了解自己的学习情况和存在的问题。反馈报告通常包括正确率分析、错误类型分类、知识点掌握情况等。例如，在数学学习中，系统可以通过分析学生的解题步骤，识别出常见的错误类型，如计算错误、理解偏差等，并提供针对性的练习题和解释视频，帮助学生逐步纠正错误。通过这样的详细反馈，学生可以清晰地了解自己的学习进展，发现薄弱环节，并有针对性地进行复习和巩固。教师也可以根据反馈报告，调整教学策略，关注学生普遍存在的问题，提供更有针对性的指导。自动评估系统的应用，使评估过程更加科学和高效，为个性化教学和学习提供了有力支持。

（2）即时反馈

即时反馈是智能评估与反馈机制中不可或缺的一部分。智能导师系统和在线平台能够及时向学生提供学习反馈，帮助他们及时调整学习策略。即时反馈的优势在于实时性和互动性。学生在完成作业或测试后，系统可以立即评估其表现，并提供反馈，学生可以立刻知道自己哪里做得好，哪里需要改进。例如，在在线学习平台上，学生提交作业后，系统可以在几秒钟内完成评估，并给出详细的反馈，学生可以根据反馈及时调整自己的学习方法和策略，避免错误的积累。

智能导师系统在即时反馈中发挥着重要作用。该系统不仅能够提供评估结果,还能根据学生的表现,实时调整学习内容和难度。例如,如果系统发现某个学生在某个知识点上存在困难,可以立即提供额外的学习资源,如视频讲解、互动练习等,帮助学生巩固该知识点。对于表现优异的学生,系统则可以推荐更具挑战性的学习材料,鼓励他们进一步探索和学习。通过这样的个性化和实时调整,学生可以在最佳的学习节奏中不断进步。

即时反馈还可以促进师生之间的互动和沟通。教师可以通过在线平台,实时了解学生的学习表现,及时给予鼓励和指导。例如,在学生提交作业后,教师可以通过系统查看评估结果和反馈报告,了解学生的学习进展,并根据需要提供个别辅导或安排集体讨论。学生也可以通过平台,随时向教师提问,获得即时的解答和帮助。这样的互动不仅能够增强学生的学习动机,还能建立良好的师生关系,营造积极向上的学习氛围。

4. 学习环境与文化的建设

(1)支持性学习环境

构建支持性的学习环境是实现个性化学习的基础。支持性的学习环境不仅包括物理环境,还包括技术环境和心理环境。首先,在物理环境方面,学校应提供充足的硬件设施,如高速网络、现代化的教室、多功能学习空间等,以满足学生多样化的学习需求。教室应配备智能白板、投影设备、平板电脑等现代教学设备,方便教师开展多媒体教学并与学生进行互动学习。此外,学校还应设立专门的自习室、图书馆和学习中心,为学生提供安静、舒适的学习空间,方便他们进行个性化学习和自主研究。

技术支持是支持性学习环境的另一重要方面。随着教育技术的不断发展,学校需要提供先进的技术支持,确保学生能够顺利使用各种学习平台和软件。例如,学校应建立完善的学习管理系统(LMS),方便学生在线访问学习资源、提交作业和参加讨论。技术支持还包括提供专业的技术人员,随时解决学生和教师在使用技术工具过程中遇到的问题。此外,学校应重视网络安全和数据隐私,确保学生在使用在线平台时的安全和隐私保护。通过提供全面的技术支持,学校能够帮助学生更好地利用现代教育技术,提升学习效果。

（2）学习文化的培育

除了物理和技术环境外,积极向上的学习文化也是个性化学习成功的关键。学习文化的培育需要从多个方面入手,首先是鼓励自主学习。学校应通过各种途径,培养学生的自主学习能力和习惯。教师可以引导学生制订个人学习计划,设置学习目标,培养他们的时间管理能力和自我监督能力。学校还可以开展自主学习技能培训,帮助学生掌握有效的学习方法和技巧。例如,通过开展学习方法讲座、提供学习策略指南等,帮助学生提高自主学习的效率和效果。

合作学习是学习文化培育的另一重要方面。合作学习不仅能够提高学习效果,还能培养学生的团队合作精神和沟通能力。学校应鼓励学生在学习过程中进行合作,通过小组讨论、项目合作、互助学习等方式,共同解决问题,分享学习经验。教师可以设计丰富多样的合作学习活动,如小组项目、团队竞赛等,激发学生的参与热情和学习动机。学校还可以创建学习共同体,促进学生之间的交流与合作,通过建立学习小组、兴趣社团等形式,增强学生的集体荣誉感和归属感。

持续学习的理念也应融入学校的学习文化中。持续学习不仅是知识的积累,更是学习习惯和学习态度的培养。学校应倡导终身学习的理念,鼓励学生在校期间养成持续学习的习惯。通过开展各种课外活动、提供丰富的学习资源,学校可以激发学生的学习兴趣,增强他们的学习动力。例如,学校可以定期举办学术讲座、学习竞赛、科技展览等活动,拓宽学生的知识视野,激发他们的学习热情。教师应在教学过程中注重培养学生的学习兴趣,采用生动有趣的教学方法和多样化的教学手段,吸引学生主动参与学习。

二、增强现实（AR）和虚拟现实（VR）的应用

AR（增强现实）和VR（虚拟现实）技术的应用将极大地丰富学习内容和形式,使学生能够在虚拟环境中进行实验、探究和互动学习。这些技术打破了传统课堂教学的局限,提供了更加生动和沉浸式的学习体验。例如,学生可以通过VR技术亲身体验历史事件,仿佛置身于过去的某个重要时刻,从而更深刻地理解历史背景和事件的影响;在科学教育中,虚拟实验室让学生能够进行各种复杂的科学实验,观察实验过程和结果,而不受实验设备和安全的限制,这不仅提高了实验的可

操作性,还避免了潜在的危险。此外,AR 技术可以将虚拟元素叠加到现实世界中,帮助学生直观地理解抽象概念,如通过增强现实的三维模型展示分子结构、地理地貌等,使学习变得更加具体和形象。通过应用这些虚拟技术,学生可以在一个安全、灵活和互动的环境中进行学习和探究,大大增强了学习的趣味性和实际效果,提高了学生的学习积极性和知识掌握程度。AR 和 VR 技术不仅是课堂教学的有力补充,更是未来教育发展的重要方向,为教育模式的创新提供了无限可能。

三、移动学习的普及

随着智能手机和平板电脑的普及,移动学习将成为混合式学习的重要组成部分。学生可以随时随地通过移动设备访问学习资源、参加在线课程和进行学习评估,打破时间和空间的限制。这种学习方式极大地提高了学习的灵活性和便捷性,适应了现代学生快节奏、多任务的生活方式。教育机构和平台将开发更多适合移动设备的学习应用和内容,使学习过程更加个性化和互动化。例如,学生可以利用碎片时间在公交车上完成微课学习,或者在等待的间隙进行小测验和复习。此外,移动学习应用还可以通过推送通知提醒学生学习进度和任务,帮助他们保持学习的连续性和规划性。通过移动设备,学生可以轻松地参与到各种形式的学习活动中,如观看教学视频、参与在线讨论、提交作业、接受反馈等,形成一个无缝衔接的学习生态系统。为了支持这种学习模式,教育平台将提供全面的技术支持和丰富的学习资源,确保学生能够获得高质量的学习体验。移动学习的普及不仅有助于个性化教育的发展,还能促进教育公平,让更多学生在不同的环境和条件下获得优质教育资源。总之,移动学习作为一种创新的学习方式,将在未来教育中扮演越来越重要的角色,为学生提供更加灵活、高效和个性化的学习体验。

四、社交学习与合作学习的深化

混合式学习将更加注重社交学习和合作学习,通过在线讨论区、学习社区和虚拟小组活动,学生可以与同伴进行互动和合作,共同解决问题和完成任务。这种学习模式不仅打破了传统课堂的时空限制,还丰富了学习方式,使学生能够在多元化的互动中深化理解和应用知识。例如,在线讨论区可以让学生就某一主题进行深入讨论,分享各自的见解和资料,从不同的角度探讨问题;学习社区为学生提供了一个持续交流的平台,学生可以在这里提出疑问、分享资源、互相帮助,形成一个良好的学习氛围;虚拟小组活动则模拟现实中的团队合作,通过分组任务和项目,培养学生的团队协作能力和沟通技巧。在这个过程中,教师将发挥引导者和协调者的角色,设计有意义的互动活动,引导学生讨论和探究,确保每个学生都能积极参与。教师还可以通过观察学生的互动情况,及时提供反馈和支持,帮助学生克服学习中的障碍,提升学习效果。通过这种社交和合作的学习方式,学生不仅能够更好地掌握知识,还能提高批判性思维、问题解决和团队合作等综合能力。混合式学习中的社交学习和合作学习,不仅使学习过程更加丰富和有趣,还为学生未来的职业发展奠定了重要的基础。

第二节　对教师的实践建议

面对混合式学习的发展趋势,教师在实践中需要不断提升自身的教学能力和技术素养,以适应新的教学环境和需求。以下是对教师的一些实践建议:

一、不断学习和提升技术能力

(一)积极学习和掌握教育技术工具

在现代教育环境中,教师必须积极学习和掌握各种教育技术工具和平台的使用方法,了解最新的教育技术发展趋势,不断提升自身的技术素养。这不仅是为了跟上时代发展的步伐,更是为了更好地服务于学生,提升教学效果。教育技术工具种类繁多,包括学习管理系统(LMS)、互动白板、在线测评工具、虚拟实验室等。每一种工具都有其独特的功能和优势,教师需要系统地学习和实践,才能熟练运用这些工具。例如,LMS可以帮助教师管理课程内容、追踪学生进度、评估学习效果,而互动白板则可以增强课堂的互动性和参与度。通过了解和掌握这些工具,教师能够更加灵活地设计和组织教学活动,使教学过程更加高效和有趣。

了解最新的教育技术发展趋势也是教师提升技术素养的重要方面。当前,人工智能、大数据、虚拟现实(VR)和增强现实(AR)等技术正在迅速应用于教育领域,带来深刻的变革。例如,人工智能可以用于个性化学习路径的设计和智能评估;大数据可以用于分析学生的学习行为,提供精细化的教学指导;VR 和 AR 可以提供沉浸式的学习体验,增强学习的趣味性和实际效果。教师应通过阅读专业文献、参加学术会议和在线学习等方式,了解和掌握这些新兴技术的原理和应用方法。只有不断学习和提升技术能力,教师才能在教育技术的浪潮中立于不败之地,更好地服务于学生的成长和发展。

（二）参加培训

为了有效地整合在线学习资源和传统教学方法,教师应积极参加相关的培训和工作坊,学习如何设计和实施高质量的混合式课程。混合式学习模式将线上和线下教学结合起来,既保留了传统课堂教学的优势,又引入了在线学习的灵活性和个性化。这种模式需要教师具备全面的教学设计能力和技术操作能力。通过参加培训和工作坊,教师可以系统学习混合式教学的理论和实践,掌握课程设计、资源整合、教学实施和评估等各个环节的技能。

在培训中,教师不仅可以学习具体的技术操作,还可以交流和分享教学经验,了解不同学校和教育机构的优秀实践案例。例如,某些工作坊会邀请经验丰富的教育技术专家和一线教师,分享他们在混合式教学中的成功经验和教训,介绍如何利用 LMS 进行课程管理,如何设计互动性强的在线学习活动,如何通过数据分析调整教学策略等。通过学习这些实践案例,教师可以更好地理解混合式教学的实际操作和效果,提升自己的教学设计能力和创新能力。

参加培训还可以为教师提供一个持续学习和发展的平台。在这些培训活动中,教师可以结识同行,建立专业学习共同体,相互支持和鼓励,共同探索和解决教学中的问题。此外,培训机构通常会提供后续支持和资源,如在线学习平台、学习材料、技术支持等,帮助教师在日常教学中持续应用和改进所学的技能和方法。通过这些培训和支持,教师可以不断提升自己的技术能力和教学水平,设计和实施高质量的混合式课程,满足学生多样化的学习需求。

二、灵活设计和调整教学内容

（一）考虑学生的不同需求和学习风格

在现代教育中,教师应充分考虑学生的不同需求和学习风格,灵活运用多种教学资源和方法,提供个性化的学习支持。每个学生都有独特的学习特点,有些学生喜欢通过视觉材料学习,有些则更倾向于听觉材料,还有一些学生更喜欢通过动手实践来掌握知识。为了满足这些多样化的需求,教师需要设计多元化的教学内容和活动。例如,视觉型学习者可能更喜欢图表、图片和视频,教师可以利用多媒体资源来丰富教学内容;听觉型学习者更适合通过讲解和讨论来理解知识点,教师可以安排更多的课堂讨论和音频材料;动觉型学习者更适合实验和实践活动,教师可以设计相关的实验和项目学习活动。

在设计教学内容时,教师还应考虑到学生的兴趣和背景,选择与学生生活和经验相关的素材,激发他们的学习动机。例如,在讲解物理学中的力学概念时,可以使用体育运动中的实际案例,如篮球的弹跳、足球的轨迹等,使学生感到亲切和有趣。通过将学科知识与现实生活相结合,教师不仅能提高学生的学习兴趣,还能帮助他们更好地理解和应用所学知识。

灵活运用多种教学资源和方法还包括引入现代教育技术,如学习管理系统(LMS)、虚拟实验室、互动白板等。这些工具可以提供丰富的教学资源和互动方式,使教学过程更加生动和高效。例如,利用LMS,教师可以上传课件、布置作业、进行在线测验,并与学生进行实时交流;通过虚拟实验室,学生可以在模拟环境中进行科学实验,获得直观的实验体验;互动白板则可以增强课堂的互动性,促进学生积极参与和思考。

(二)定期评估和调整教学计划

定期评估和反馈学生的学习情况,根据反馈结果及时调整教学计划和内容,是确保每个学生都能获得最佳学习体验的重要环节。评估不仅包括期中和期末考试,还应涵盖平时的小测验、课堂观察、作业检查和学生自评等多种形式。通过多元化的评估手段,教师可以全面了解学生的学习进度和效果,发现他们在学习过程中遇到的困难和问题。

根据评估结果,教师应及时调整教学计划和内容。例如,如果发现大多数学生在某个知识点上存在理解困难,教师可以增加该知识点的讲解时间,提供更多的例题和练习,并安排个别辅导。对于学习进度较快的学生,教师可以提供更具挑战性的材料和任务,鼓励他们深入探究和拓展知识。此外,教师还可以根据学生的反馈,调整教学方法和策略,如增加互动环节、采用小组合作学习等,以提高课堂的参与度和有效性。

定期评估和反馈不仅有助于教师改进教学,还能帮助学生了解自己的学习情况,找到改进的方向。通过及时的反馈,学生可以知道自己在哪些方面做得好,哪些方面需要改进,从而有针对性地进行复习和练习。教师可以利用评估数据,为每个学生制订个性化的学习计划,提供有针对性的指导和支持。例如,对于成绩较好的学生,可以设计更高难度的学习任务和项目,帮助他们进一步提升;对于成绩较差的学生,则可以安排更多的基础知识复习和个别辅导,帮助他们夯实基础。

有效的评估和反馈机制还包括与学生和家长的沟通。教师应定期向学生和家长通报学习进展和评估结果,听取他们的意见和建议,形成良好的互动和合作关系。例如,教师可以通过家长会、学习报告、家校联系簿等方式,与家长分享学生的学习情况和改进措施,获得家长的支持和配合。同时,教师也应鼓励学生主动表达自己的想法和需求,并及时调整教学策略,确保每个学生都能在适合自己的节奏和方式中学习和成长。

三、促进互动和合作学习

1. 鼓励课堂和在线平台的讨论与交流

在现代教育中,促进互动和合作学习是提升教学效果和学生综合能力的重要手段。教师应鼓励学生在课堂上进行讨论和交流,通过设计丰富多样的小组活动和合作项目,培养学生的团队合作能力和沟通技巧。例如,教师可以在讲授新知识点后,组织学生进行小组讨论,让他们分享各自的理解和观点,并通过相互交流解决疑惑。通过这样的互动,学生不仅能够深化对知识的理解,还能培养批判性思维和问题解决能力。此外,教师可以设计合作项目,让学生在团队中分工协作,共同完成任务。这些项目可以包括研究报告、实验设计、创意展示等,既能激发学生的学习兴趣,又能增强他们的团队协作精神。在合作过程中,学生需要相互交流、协调和配合,这有助于提高他们的沟通技巧和团队合作能力。

在线平台也是促进学生互动和合作学习的重要工具。教师可以利用在线学习管理系统(LMS)和教育应用软件,创建虚拟讨论区和学习社区,鼓励学生在课外进行讨论和交流。例如,教师可以在 LMS 上发布讨论主题,邀请学生发表看法和进行互动;也可以通过在线论坛和社交媒体群组,让学生分享学习资源和经验。通过这些在线平台,学生可以随时随地进行学习交流,打破时间和空间的限制。在线讨论区不仅为学生提供了一个表达观点和交流想法的平台,还为教师提供了观察学生思维过程和互动情况的机会,帮助他们更好地了解学生的学习状态和需求。此外,教师可以通过在线平台布置合作任务,让学生在虚拟小组中共同完成项目,进一步培养他们的合作能力和团队精神。

2. 利用在线学习社区和讨论区

在线学习社区和讨论区为学生提供了一个开放、互动和支持性的学习环境,促进了学生之间的互动和合作学习。在这些虚拟空间中,学生可以共同解决问题,分享学习经验和成果,形成一个学习共同体。例如,学生在学习过程中遇到难题时,可以在讨论区发布问题,寻求同学和教师的帮助。其他学生可以根据自己的理解和经验,提供解答和建议,通过集体智慧解决问题。这种互动不仅能够帮助提问的学生解决困惑,还能让回答的学生巩固和检验自己的知识,提高整体学习效果。

在线学习社区还可以通过组织各种学习活动,增强学生的参与感和归属感。例如,教师可以在社区中发起读书会、专题讨论、在线研讨会等活动,邀请学生积极参与。这些活动不仅为学生提供了更多的学习机会和资源,还增强了他们的学习动力和兴趣。此外,在线学习社区还可以定期发布学习资源和学习技巧,如学习指南、实践案例、成功经验分享等,帮助学生更好地掌握学习方法,提高学习效率。在这些活动和资源的支持下,学生可以在互动中互相学习、互相激励,形成良好的学习氛围和积极的学习态度。

利用在线学习社区和讨论区,教师也可以更好地跟踪和支持学生的学习过程。通过观察学生在讨论区的发言和互动情况,教师可以了解学生的学习进展和问题,及时给予指导和帮助。例如,教师可以根据学生在讨论中的表现,提供个性化的反馈和建议,帮助他们改进学习方法,解决学习困难。此外,教师还可以通过在线社区,与学生良好互动,增强师生关系,营造一个开放和和谐的学习环境。在这样的环境中,学生不仅能够得到知识和技能的提升,还能在互动和合作中发展综合素质,为未来的学习和职业发展奠定坚实的基础。

四、关注学生的情感和心理需求

（一）关注学生情感和心理需求的重要性

在混合式学习环境中，教师应特别关注学生的情感和心理需求，及时提供支持和帮助，建立良好的师生关系。混合式学习将传统课堂与在线学习相结合，虽然提供了更多的学习机会和灵活性，但也可能带来一些新的挑战和压力。例如，学生在面对自我管理和时间规划方面可能会遇到困难，缺乏面对面互动可能导致孤独感和疏离感。此外，在线学习环境中的技术问题和信息过载也可能增加学生的焦虑和压力。教师应认识到这些潜在问题，并采取措施缓解学生的情感和心理压力。

建立良好的师生关系是支持学生情感和心理需求的基础。教师应通过积极的沟通和互动，了解学生的学习进展和情感状态，及时发现和解决他们在学习中遇到的困难和问题。例如，教师可以在课堂上和在线平台上鼓励学生表达自己的想法和感受，营造一个开放和支持的学习环境。通过倾听和回应学生的需求，教师可以增强学生的安全感和信任感，建立积极的师生关系。此外，教师还可以通过开展团体活动和合作项目，促进学生之间的交流和合作，增强他们的社交技能和团队精神，减少孤独感和压力。

（二）在线交流和个别辅导的实施

在混合式学习中，在线交流和个别辅导是教师了解学生学习进展和困难的重要手段。通过在线交流，教师可以定期与学生进行沟通，了解他们的学习情况和情感状态。在线交流的形式多种多样，包括电子邮件、即时通信工具、视频会议等。例如，教师可以通过视频会议与学生进行一对一的辅导，深入了解学生的学习进展和具体困难，提供针对性的指导和建议。通过在线交流，教师可以第一时间了解学生的需求和问题，及时提供帮助和支持，防止问题积累和恶化。

个别辅导是为学生提供个性化支持的重要方式。每个学生的学习能力、兴趣和需求各不相同，教师应根据学生的具体情况，制订个性化的辅导计划。例如，对于学习进度较慢的学生，教师可以安排更多的辅导时间，帮助他们巩固基础知识，提高学习效率；对于情感和心理问题较为严重的学生，教师可以提供心理支持和咨询，帮助他们缓解压力和焦虑，增强自信心和学习动机。通过个别辅导，教师不仅可以帮助学生解决学业上的困难，还可以关注他们的情感和心理健康。

教师在提供在线交流和个别辅导时,应注意保持积极和建设性的态度,鼓励学生积极参与和表达自己的感受。例如,教师可以通过积极倾听和共情,理解学生的情感和心理需求,给予他们充分的支持和鼓励。此外,教师还可以通过设立明确的目标和计划,帮助学生制定可行的学习策略和时间安排,提高他们的自我管理能力和学习效率。通过这些努力,教师可以在混合式学习环境中,全面关注和支持学生的情感和心理需求,帮助他们克服学习中的挑战,取得更好的学业成绩和个人成长。

第三节 教育政策与支持系统的建议

为了推动混合式学习的全面发展,教育政策和支持系统的建设至关重要。以下是一些建议:

一、制定鼓励混合式学习的政策和法规

(一)政府和教育主管部门的角色

政府和教育主管部门在推动混合式学习中的作用至关重要。他们应制定和实施支持混合式学习的政策和法规,鼓励学校和教育机构积极探索和应用这种创新的教育模式。首先,政府应明确混合式学习的战略定位和发展目标,制定相应的指导方针和操作细则,确保混合式学习的有序推进。教育主管部门可以通过发布政策文件,规范混合式学习的实施标准和评价体系,确保教学质量和学生学习效果。同时,政府和教育主管部门应鼓励学校和教育机构因地制宜,根据自身实际情况和学生需求,灵活选择和应用混合式学习模式。例如,可以鼓励学校在课程设计中融入线上线下相结合的教学方法,创新教学模式,提高教学效率和效果。

政府和教育主管部门还应推动混合式学习的制度化建设,确保其可持续发展。这包括建立专门的混合式学习研究机构和专家团队,负责研究和推广混合式学习的最佳实践和创新模式。同时,应建立完善的混合式学习评估和认证体系,对学校和教育机构的混合式学习实施情况进行监督和评估,确保其符合教育标准和质量要求。政府和教育主管部门还应举办培训和研讨会,帮助教育工作者了解和掌握

混合式学习的理论和实践,提升他们的教学能力和水平。

(二)政策支持和资金投入

为了促进混合式学习的普及和发展,政府和教育主管部门应提供强有力的政策支持和资金投入。政策支持方面,政府可以出台一系列鼓励混合式学习的优惠政策,如减税政策、补贴政策等,降低学校和教育机构实施混合式学习的成本和风险。同时,政府还可以设立专项基金,支持教育技术的研发和应用,推动混合式学习相关的创新项目和试点工程。例如,可以资助开发在线学习平台、虚拟实验室、智能评估系统等,提供丰富的教学资源和技术支持,提升混合式学习的效果和质量。

资金投入方面,政府应加大对教育技术基础设施建设的投入,确保各级教育机构具备实施混合式学习的基本条件。这包括建设高速稳定的网络环境,配备现代化的教学设备,提供充足的技术支持服务等。此外,政府还应资助教师培训和专业发展项目,帮助教师掌握混合式学习的技能和方法,提高他们的教学水平。例如,可以资助教师参加混合式学习培训班、工作坊和学术交流活动,提升他们的技术素养和教学能力。

通过政策支持和资金投入,政府和教育主管部门可以为混合式学习的推广和应用提供坚实的保障,推动其在各级教育中的普及和发展。

二、建设完善的技术基础设施

(一)提供高速稳定的网络环境

政府和教育机构应加大对教育技术基础设施的投入,建设和完善高速稳定的网络环境,为混合式学习提供可靠的技术支持。在混合式学习中,稳定和高速的网络连接是确保教学活动顺利进行的基础条件。无论是在线课堂、虚拟实验室,还是互动讨论和实时评估,都依赖于高质量的网络环境。如果网络连接不稳定,学生和教师在使用在线平台时就会遇到延迟、卡顿等问题,严重影响学习体验和教学效果。因此,政府和教育机构应优先解决网络基础设施的问题,确保所有学生和教师都能享受到优质的网络服务。具体措施包括升级现有的网络设施、增加带宽、铺设光纤网络、确保校园内外的网络覆盖和信号强度。同时,教育机构应配备专业的网络技术人员,负责日常的网络维护和故障排除,确保网络环境的稳定性和安全性。

为了进一步提升网络环境的质量,政府可以与通信企业和技术公司合作,推动教育专用网络的建设。这些专用网络可以为教育机构提供更高的带宽、更低的延迟和更稳定的连接,确保在线学习和教学活动顺利进行。政府还可以通过制定相关政策,提供必要的补贴和技术支持,帮助学生和教师解决网络问题。

通过这些努力,政府和教育机构可以为混合式学习创造一个可靠和高效的网络环境,确保每个学生和教师都能顺利进行在线学习和教学。

(二)提供必要的硬件设备和软件资源

在建设完善的技术基础设施过程中,政府和教育机构还应提供必要的硬件设备和软件资源,确保每个学生和教师都能顺利使用混合式学习平台和工具。硬件设备方面,学校应配备现代化的计算机、平板电脑、投影设备、智能白板等教学设备,支持多媒体教学和互动学习。同时,政府应为经济条件较差的学生家庭提供硬件设备的补贴或援助,确保每个学生都有适合的设备进行在线学习。

软件资源方面,教育机构应配备功能完善的学习管理系统(LMS)和各种教育应用软件,支持教师和学生进行在线教学和学习。这些软件不仅包括在线课堂平台、虚拟实验室、智能评估系统等,还应包括各种辅助学习工具和资源库,如电子图书馆、在线题库、学习应用等。例如,学校可以订阅和购买一些优质的在线学习平台和资源库,供学生和教师使用;政府可以开发和推广一些免费的教育软件,帮助更多学生享受优质的教育资源。此外,教育机构应提供充分的技术支持和培训,帮助教师和学生熟悉和掌握这些软件的使用方法,提升他们的技术素养和应用能力。

为了确保硬件设备和软件资源的有效使用,政府和教育机构还应建立和完善相关的管理和维护机制。例如,定期对硬件设备进行检查和维护,及时更新和升级软件系统,确保其稳定性和安全性;建立技术支持团队,提供全天候的技术服务,解决教师和学生在使用过程中遇到的问题。通过这些措施,政府和教育机构可以为混合式学习提供全面和有力的技术支持,确保每个学生和教师都能顺利使用混合式学习平台和工具,提高学习效果和教学质量。

三、开展教师培训和专业发展

（一）定期组织教师培训和专业发展活动

教育主管部门和学校应组织定期的教师培训和专业发展活动，帮助教师掌握混合式学习的相关技能和知识。在混合式学习的背景下，教师不仅需要具备传统的教学能力，还需要掌握各种现代教育技术和在线教学方法。定期的培训活动可以帮助教师了解最新的教育技术发展趋势，熟悉各种混合式学习平台和工具的使用方法。例如，培训内容可以包括如何设计和实施在线课程、如何利用学习管理系统（LMS）进行教学管理、如何使用虚拟实验室和互动白板进行教学等。通过这些培训，教师可以全面提升自己的技术素养和教学能力，更好地适应混合式学习的需求。

专业发展活动还应注重教师的教学理念和方法的更新。例如，教师可以通过参加教育研讨会和学术交流活动，了解国内外混合式学习的最佳实践和创新模式，吸收先进的教学理念和方法。学校和教育主管部门还可以邀请教育技术专家和一线优秀教师，举办讲座，分享他们的成功经验和教学策略。这些活动不仅可以帮助教师开阔视野，提升教学水平，还可以激发他们的教学创新精神，推动教育改革和发展。

（二）建立教师学习社区和交流平台

为了进一步促进教师的专业发展，教育主管部门和学校应建立教师学习社区和交流平台，促进教师之间的经验分享和合作。教师学习社区可以通过线上和线下相结合的方式，为教师提供一个持续学习和交流的平台。例如，学校可以创建一个在线教师交流平台，让教师在平台上分享教学资源、讨论教学问题、交流教学经验。通过这样的互动，教师可以从同伴的经验中学习，发现和借鉴有效的教学策略和方法，提升自己的教学能力。

在线交流平台还可以组织定期的主题讨论和研讨活动，围绕混合式学习中的具体问题和挑战，邀请教师共同探讨和解决。例如，平台可以设立专题讨论区，就如何提高在线互动效果、如何设计混合式学习课程、如何评估学生的学习效果等问题进行深入讨论。通过这些讨论，教师可以互相启发，找到解决问题的有效方法，进一步提升混合式学习的质量和效果。

教师学习社区和交流平台的建立,不仅有助于教师的专业发展,还可以增强教师的职业认同感和归属感。在一个支持性和合作性的学习环境中,教师可以更积极地参与到教学创新和改革中,共同推动教育的发展。此外,学校和教育主管部门还可以通过这些平台,了解教师的需求和困惑,及时提供支持和帮助。例如,可以通过平台收集教师的意见和建议,根据他们的反馈调整培训内容和形式,确保培训的针对性和实效性。

四、评估与反馈机制的建立

（一）定期评估与反馈的实施

建立科学的评估与反馈机制是确保混合式学习成功实施和持续改进的关键步骤。教育主管部门和学校应对混合式学习的实施效果进行定期评估,收集教师和学生的反馈意见,及时调整和优化政策和措施。定期评估应涵盖多个方面,包括教学内容、教学方法、学生参与度、学习效果及技术支持等。例如,每学期可以进行一次全面的评估,通过问卷调查、访谈和课堂观察等方法,系统收集教师和学生对混合式学习的意见和建议。这些评估数据不仅可以揭示混合式学习的优势和成效,还能识别出存在的问题和改进的空间。

在收集到评估数据后,教育主管部门和学校应及时进行分析和反馈,确保评估结果能够真正用于指导教学改进和政策优化。例如,可以通过召开反馈会、发布评估报告等形式,将评估结果反馈给教师和学生,讨论改进措施和策略。对教师而言,评估结果可以帮助他们了解自己的教学效果,发现和改进教学中的不足;对学生而言,反馈可以帮助他们更好地理解自己的学习进展,调整学习策略。通过这样的评估和反馈机制,混合式学习的实施效果可以得到持续监控和优化,确保其能够满足学生的学习需求和教育目标。

（二）数据分析与研究的应用

利用数据分析和研究,深入了解混合式学习的实际效果和存在的问题,为政策制定和改进提供科学依据,是评估与反馈机制的重要组成部分。在混合式学习中,大量的数据可以通过学习管理系统(LMS)、在线测评工具和教学平台自动收集。这些数据包括学生的登录次数、在线学习时长、作业提交情况、测试成绩、互动参与度等。通过对这些数据进行系统的分析,教育主管部门和学校可以获得关于学生学习行为和教学效果的深入洞见。例如,数据分析可以揭示哪些教学方法和资源最受学生欢迎,哪些知识点学生掌握得最好,哪些方面需要进一步改进。

数据分析的结果不仅可以用于改进具体的教学实践,还可以为政策制定和教育管理提供重要参考。例如,分析结果可以帮助教育主管部门了解混合式学习在不同学科、不同年级和不同地区的实施效果,从而制定更加精准和有效的政策措施。数据研究还可以揭示混合式学习与传统教学在学习效果上的差异,评估其在提高学生学业成绩、培养自主学习能力和提升综合素质方面的作用。基于这些研究结果,教育主管部门可以优化混合式学习的推广策略,确保其在各级教育中的科学应用和广泛普及。

建立科学的评估与反馈机制,还应注重对评估方法和工具的不断改进和创新。例如,可以引入先进的数据分析技术和人工智能算法,提升数据处理的效率和准确性;可以采用混合方法,结合定量数据分析和定性研究,获得更全面和深刻的评估结果;可以利用可视化技术,直观展示评估数据和分析结果,便于理解和应用。通过这些努力,评估与反馈机制可以更加科学和高效,真正发挥其在推动混合式学习发展中的重要作用。

参考文献

［1］ 李志河,周娜娜,秦一帆,等.网络学习空间下混合式学习共同体活动机制构建［J］.中国电化教育,2019（9）:8.

［2］ 王晓跃,习海旭,柳益君,等.基于SPOC混合式学习模式的学习支持服务构建研究［J］.电化教育研究,2019,40（3）:7.

［3］ 黄志芳,周瑞婕,赵呈领,等.面向深度学习的混合式学习模式设计及实证研究［J］.中国电化教育,2019（11）: 120–128.

［4］ 张英伯.数学文化盛宴:评代钦著《艺术中的数学文化史》［J］.数学教育学报,2023,32（1）:99–101.

［5］ 方延明.人文数学的文化意蕴及价值意义:兼论数学文化的三元结构［J］.南京社会科学,2023（8）:11–21.

［6］ 余庆纯,汪晓勤.基于数学史的数学文化内涵实证研究［J］.数学教育学报,2020,29（3）:7.

［7］ 王嵘.数学文化融入中学教科书的内容与方法［J］.数学教育学报,2022,31（1）:5.

［8］ 许静,李雅楠,郇维中.课堂融合角度下的数学文化课程［J］.中国教育学刊,2023（增刊2）:61–63.

［9］ 危志刚.例析课堂教学渗透数学文化的基本准则［J］.数学通报,2023（2）:14–15.

［10］ 林小红.文化自信视域下数学文化渗透策略研究［J］.教育评论,2022（12）:152–156.

［11］ 王绍锋,张浩.数学文化视角下的数学命题及反思［J］.数学通报,2022（4）:46–52.

［12］ 肖军.让数学文化浸润数学课堂［J］.中国教育学刊,2021（12）:1.

［13］邢丽丽.基于精准教学的混合式教学模式构建与实证研究［J］.中国电化教育，2020（9）:7.

［14］胡骏,马倩.数学启发式教学策略的实践及其效果研究:评《全景式数学教育:一样的数学,不一样的教学》［J］.应用化工，2023，52（8）:8.

［15］李现勇,傅海伦.数学章起始课教学设计的基点［J］.教学与管理，2019（13）:3.

［16］闻道君,曾静,王鹏富.关于伴随矩阵的混合式教学设计［J］.西南师范大学学报:自然科学版，2021（4）:28.

［17］何守刚.探索线上线下混合式教学新模式［J］.中小学管理，2022（6）:56–58.

［18］林子植,刘剡,胡典顺.融入数学实验的一种混合数学教学模式构建［J］.教学与管理，2019（33）:3.

［19］丁莉萍.数学教师合作学习的理论与实践之比较分析［J］.数学教育学报，2021，30（3）:8.

［20］张敏.高中古典概型的课题式教学［J］.数学教育学报，2023，32（4）:1–4.

［21］牛胜玉.高中数学万能解题模板:高中常备综合［M］.长沙:湖南师范大学出版社，2023.

［22］李晓郁.高中数学主题螺旋进阶教学概论:教学方法及理论［M］.上海:上海社会科学院出版社，2023.

［23］黄延林.基于核心素养的高中数学教学关键问题解析:教学方法及理论［M］.北京:高等教育出版社，2023.

［24］庞良绪.高中数学思维培养的研究与实践:教学方法及理论［M］.上海:华东师范大学出版社，2023.

［25］曹恒阁.高中数学难点解题策略:高中常备综合［M］.郑州:河南科学技术出版社，2023.

［26］牛胜玉.高中数学知识大全（全彩版）:高中常备综合［M］.长沙:湖南师范大学出版社，2023.

［27］王国江.高中数学核心素养［M］.上海:上海社会科学院出版社，2020.

［28］韩佳伶.智慧课堂背景下混合式教学模式改革研究［M］.长春:吉林大学出版社,2022.

［29］林立芹.深度学习场域下的混合式教学［M］.长春:吉林出版集团股份有限公司,2022.

［30］冯志刚.上下求索:线上线下混合式教学初探［M］.上海:上海教育出版社,2020.